रास्ता दिल का
(ग़ज़ल-संग्रह)

रास्ता दिल का

सम्पादन

सुधा अरोड़ा

वाणी प्रकाशन ग्रुप
भारतीय ज्ञानपीठ
वाणी प्रकाशन : भारतीय ज्ञानपीठ की पुस्तकों के एकमात्र प्रकाशक एवं वितरक

लोकोदय ग्रन्थमाला : ग्रन्थांक 1541

सजिल्द पहला संस्करण : 2022
सजिल्द दूसरा संस्करण : 2026

वाणी प्रकाशन : भारतीय ज्ञानपीठ की पुस्तकों के एकमात्र प्रकाशक एवं वितरक

वाणी प्रकाशन

4695, 21-ए, दरियागंज, नयी दिल्ली-110 002
दूरभाष : 011-23273167, 23275710
ईमेल : sales@vaniprakashan.in
www.vaniprakashan.com

ISBN : 978-93-94212-16-9

मूल्य : ₹ 350

रास्ता दिल का

(ग़ज़ल-संग्रह)

ऋषिपाल धीमान

RASTA DIL KA
(Ghazal-Collection)
by Rishipal Dhiman

आवरण-चित्र : राधेश्याम अग्रवाल
मुद्रक : आर. टेक ऑफ़सेट प्रिंटर्स, दिल्ली-110 032

उस्ताद 'ख़्वाब' अकबराबादी जी को

समकालीन हिंदी ग़ज़ल का परिदृश्य

ग़ज़ल अरबी में उत्पन्न होकर तथा फ़ारसी में पनपकर हिंदी और उर्दू में आई। हिंदी में इसे आयातित विधा मानकर सदियों तक उपेक्षित रखा गया, परंतु उर्दू में इसे ख़ूब सँवारा गया। 'मीर', 'ग़ालिब', 'मोमिन', 'ज़ौक़', 'दाग़', 'जिगर', 'फ़ैज', 'फ़िराक़', 'साहिर' जैसे अनेक शायरों ने ग़ज़ल के गुलशन को महकाया और इस महक (इनके शेरों की ताज़गी) को हिंदी के पाठकों ने भी महसूस किया। हिंदी में भी खुसरो के बाद कुछ कवियों जैसे भारतेन्दु, प्रसाद, निराला, प्रतापनारायण आदि ने ग़ज़लें कहीं परंतु संख्या में बहुत कम और असर में भी कमजोर रहीं। शिवप्रसाद मिश्र 'रुद्र' काशिकेय संभवतः हिंदी के प्रथम ग़ज़लकार हैं, जिनका ग़ज़ल-संग्रह 'गजलिका' शीर्षक से सन् 1955 में प्रकाशित हुआ। फिर बलबीर सिंह रंग, बालस्वरूप राही, नरेंद्र वशिष्ठ, भवानीशंकर, शमशेर, शेरजंग गर्ग और दुष्यंत आदि कई कवियों ने हिंदी में पाए की ग़ज़लें कहीं। आपातकाल और भ्रष्ट तंत्र से त्रस्त देश ने दुष्यंत की ग़ज़लों को हाथों-हाथ लिया। दुष्यंत क्या लोकप्रिय हुए हिंदी में मानो ग़ज़लों की बाढ-सी आ गई। आजकल हिंदी काव्य-क्षेत्र में जिस विधा में सर्वाधिक रचनाओं का सृजन हो रहा है वह विधा है ग़ज़ल। कोई भी पत्रिका उठा लीजिए उसमें ग़ज़लें भरपूर होती हैं। कवि-सम्मेलनों में भी ग़ज़ल ख़ूब चल रही है। जिस ग़ज़ल-सुंदरी ने सदियों से उर्दू के शाइरों को अपने मोहपाश में बाँधा हुआ है, आज उसका जादू हिंदी के कवियों के सर चढ़कर बोल रहा है। न्यूनाधिक हर हिंदी कवि ग़ज़ल-विधा में हाथ आजमा रहा है। जो गीतकार थे, वे भी ग़ज़ल लिख रहे हैं और कुछ पूर्णरूपेण ग़ज़ल को ही समर्पित हैं। इस समय देखिए तो हिंदी में ग़ज़ल कहने वालों की संख्या हजारों-लाखों में है, लेकिन इनमें अधिकतर ग़ज़ल नहीं बल्कि ग़ज़लनुमा रचनाएँ ही लिख रहे हैं और धडल्ले से छप भी रहे हैं। सही मायनों में ग़ज़ल कहने वालों की संख्या लगभग दस प्रतिशत ही है। लेकिन यह दस प्रतिशत भी काफ़ी है। सत्तर के दशक में हिंदी में जहाँ दस-बीस सही ग़ज़ल कहने

वाले लोग थे, आज यह संख्या सैंकड़ों में है। क्योंकि ग़ज़ल-विधा हिंदी में दूसरी भाषा से आई है, इसलिए इसकी शैल्पिक जानकारी आसानी से उपलब्ध नहीं थी. ऐसे में जिन लोगों ने जानकारी हासिल की या किसी योग्य गुरु से मार्गदर्शन लिया उन्होंने दुरुस्त ग़ज़लें कहीं लेकिन जो बगैर परिश्रम किए केवल ग़ज़ल के बाह्याकार से प्रभावित हुए, उन्होंने हिंदी ग़ज़ल को हँसी का पात्र बनाया । जब बाढ़ आती है पानी के साथ कूड़ा-करकट आता ही है, लेकिन बाद में स्वच्छ जल भी प्राप्त होता है। समय के साथ ये ग़ज़लनुमा रचनाएँ खो जाएँगी और केवल दुरुस्त ग़ज़लें ही रह जाएँगी, जो हिंदी ग़ज़ल की सही पहचान होंगी। कई ग़ज़ल-मर्मज्ञों ने अपने लेखों, वक्तव्यों, पत्रिकाओं और पुस्तकों के माध्यम से हिंदी के कवियों को ग़ज़ल के शिल्प व कहन संबंधी बारीकियों से अवगत कराने में महत्वपूर्ण भूमिका अदा की है। इनमें श्री आर पी शर्मा 'महर्षि', पं सुघोष भारद्वाज (उस्ताद 'ख़्वाब' अकबराबादी) और श्री 'दरवेश' भारती के नाम उल्लेखनीय हैं। आजकल भी कई ग़ज़ल-मर्मज्ञ अपने-अपने तरीके और अलग-अलग माध्यमों से नये कवियों को ग़ज़ल की बारीकियों से अवगत करवा रहे हैं।

शुरू-शुरू में कुछ हिंदी ग़ज़लकारो ने उर्दू की क्लिष्ट ग़ज़लों से प्रभावित होकर अरबी-फ़ारसी की तर्ज़ पर लम्बी-लम्बी तरकीबें और इज़ाफ़तें इस्तेमाल की और हिंदी में (देवनागरी में) उर्दू ग़ज़ल ही परोसने लगे लेकिन धीरे-धीरे सरलता की ओर लौटने लगे। अब तो उर्दू के भी अधिकांश ग़ज़लकार तरकीबों और इज़ाफतों से बचते हैं। बोलचाल की भाषा ग़ज़ल के लिए अच्छी मानी गई है और जब ऐसी सरल भाषा में ग़ज़ल कही जाती है, तो हिंदी-उर्दू का अंतर ही मिट जाता है। हालाँकि हिंदी का अपना विशद काव्य-शास्त्र और छन्द-शास्त्र है, लेकिन ग़ज़ल क्योंकि हिंदी में दूसरी भाषा से आई है, अतः इसके सम्यक सृजन और रखरखाव की जानकारी भी हमें वहीं से ग्रहण करनी पड़ेगी। बहर के निर्वाह, मात्रा-गणना, मात्रा-पतन, शेरियत के बारे में जानना होगा।

नई कविता के पक्षधरों का हिंदी साहित्य में वर्चस्व है । वे गीत या ग़ज़ल को अभी तक भी उनका अधिकार नहीं दे रहे हैं। लेकिन छंदहीन कविता से ऊबे हुए जनमानस को ग़ज़ल ख़ूब भा रही है। हिंदी में ग़ज़ल के विषय-संसार को अभूतपूर्व विस्तार मिला है। दुष्यंत के समय से ही ग़ज़ल को मैं-तू के मरहलों से बाहर निकालकर समाज, देश, इंसानी दुख-दर्द को आवाज़ देने का माध्यम बनाने का सफल प्रयास हिंदी कवियों ने किया है। हिंदी ग़ज़ल को समृद्ध करने वालों की एक लम्बी सूची है जिसके गोपालदास नीरज, रामदरश मिश्र, मेयार सनेही, चंद्रसेन विराट, बालस्वरूप राही, शेरजंग गर्ग, शलभ श्रीरामसिंह, सूर्यभान गुप्त, कुँअर

बेचैन, भवानीशंकर, विज्ञान व्रत, अदम गौंडवी, एहतराम इस्लाम, ज्ञानप्रकाश विवेक, हरेराम समीप, किशन तिवारी, ज़हीर कुरेशी, उर्मिलेश, भगवानदास जैन, अशोक रावत, अनिरुद्‌ध सिन्हा, ऋषिपाल धीमान, सुल्तान अहमद, कमलेश भट्ट 'कमल', ओमप्रकाश यती, द्विजेंद्र 'द्विज', राजेश रेड्डी, कृष्ण सुकुमार, नित्यानंद तुषार, ब्रह्मजीत गौतम, शशिकांत, जय चक्रवर्ती, अनिल अनवर, भावना, बी आर बिप्लवी, रोहिताश्व अस्थाना, अशोक अंजुम, विजय स्वर्णकार, विनय मिश्र, के पी अनमोल आदि कुछ नाम हैं। हिंदी ग़ज़लकारों ने ग़ज़ल की सभी शैल्पिक और कथ्यात्मक अनिवार्यताओं को पूरा करते हुए ग़ज़ल के विषय-वैविध्य को जो विस्तार दिया है, वह सराहनीय है। हिंदी ग़ज़ल उर्दू ग़ज़ल के प्रभाव से मुक्त होकर अपनी एक अलग पहचान बना रही है। हिंदी ग़ज़ल की उर्दू ग़ज़ल से तुलना करना उचित नहीं है क्योंकि उर्दू ग़ज़ल का चार सौ साल पुराना इतिहास है और हिंदी ग़ज़ल अभी आधा सदी पुरानी है। वैसे दोनों भाषाएँ एक ही भाषा के दो रूप हैं लेकिन कुछ अंतर भी है।

हिंदी ग़ज़ल के विकास और हिंदी ग़ज़ल की पहचान को लेकर काफ़ी विमर्श होते आ रहे हैं। कई साहित्यिक पत्रिकाओं के ग़ज़ल-विशेषांक तथा कई ग्रंथ हिंदी ग़ज़ल को लेकर आए हैं । कुछ महत्वपूर्ण ग्रंथों का उल्लेख करना सही रहेगा। ज्ञानप्रकाश विवेक की 'हिंदी ग़ज़ल की विकास यात्रा', 'हिंदी ग़ज़ल दुष्यंत के बाद' तथा 'हिंदी ग़ज़ल की नयी चेतना'; शिवशंकर मिश्र की 'हिंदी ग़ज़ल की भूमिका'; नरेश की 'हिंदी ग़ज़ल : दशा और दिशा'; रोहिताश्व अस्थाना की 'हिंदी ग़ज़ल: उद्‌भव और विकास'; वशिष्ठ अनूप की 'हिंदी ग़ज़ल का स्वरूप और महत्त्वपूर्ण हस्ताक्षर'; मधु खराटे की 'दुष्यंतोत्तर हिंदी ग़ज़ल' तथा 'साठोत्तरी हिंदी ग़ज़ल'; सुल्तान अहमद की 'ग़ज़ल : हिंदी ग़ज़ल'; साएमा बानो की 'हिंदी ग़ज़ल : पहचान और परख'; सरदार मुजावर की 'हिंदी ग़ज़ल के विविध आयाम', 'हिंदी की छायावादी ग़ज़लें'; महेन्द्र अग्रवाल की 'नई ग़ज़ल : यात्रा और पड़ाव', तथा 'ग़ज़ल और नई ग़ज़ल'; अनिरूद्ध सिन्हा की 'हिंदी ग़ज़ल का नया पक्ष' तथा हरेराम समीप की 'हिंदी ग़ज़ल की परंपरा' पुस्तकें हिंदी ग़ज़ल की विकास यात्रा को रेखांकित करती हैं। हिंदी ग़ज़लकारों के कृतित्व को लेकर भी कुछ समालोचनात्मक ग्रंथ सामने आए हैं। इनमें हरेराम नेमा 'समीप' द्वारा रचित 'समकालीन हिंदी ग़ज़लकार-एक अध्ययन खंड 1-4)' सर्वाधिक महत्वपूर्ण है। इस चार खंडों की ग्रंथ श्रृंखला में 118 हिंदी ग़ज़लकारों के रचनात्मक वैशिष्ट्य पर विस्तार से चर्चा की गई है। हिंदी ग़ज़ल की विकास-यात्रा को समझने में यह ग्रंथ-शृंखला बहुत कारगर होगी।

ग़ज़ल पढ़ने-सुनने में बड़ी दिलकश लगती है, परंतु कहने में कठोर अनुशासन

की माँग करती है। महबूब से गफ़्तगू का नाम ग़ज़ल है, ऐसा माना जाता है। इसका अर्थ यह कदापि नहीं कि प्रेम-शृंगार की बातें करना ही ग़ज़ल है। ग़ज़ल के शेर का भाव या विषय कुछ भी हो सकता है, परंतु कहन में महबूब से गुफ़्तगू जैसी नफ़ासत की दरकार है। मेरे विचार में ग़ज़ल शेरियत या तग़ज्ज़ुल से भरपूर शेरों का समूह है, जो एक ही ज़मीन (बहर, रदीफ़ क़ाफ़िये का विधान) में कहे गए हों। ग़ज़ल का हर शेर भाव की दृष्टि से स्वतंत्र इकाई होता है अर्थात् हर शेर एक कविता, एक कहानी होता है।

विभिन्न ग़ज़ल-सग्रहों, ग़ज़ल-संकलनों, ग़ज़ल संबंधी आलोचनात्मक ग्रंथों, पत्र-पत्रिकाओं के ग़ज़ल विशेषांकों तथा पत्र-पत्रिकाओं में प्रकाशित होने वाली ग़ज़लों को पढ़ने से यह बात तो स्पष्ट है कि ग़ज़ल हिंदी साहित्य में और पाठकों के मन में अपना स्थान बना चुकी है और स्वयं को समय के अनुरूप नित नया कलेवर दे रही है। आज ग़ज़ल मात्र मिलन-विछोह के आनंद-दुख या प्रेमालाप तक सीमित नहीं रह गई है। जैसे-जैसे दुनिया बढ रही है, प्रगति हो रही है वैसे-वैसे मानवीय, पारिवारिक, सामाजिक समस्याएँ भी बढ रही हैं। हिंदी ग़ज़ल भी समय और समाज सापेक्ष हो गई है और मीठे-कड़वे सभी विषयों का स्वाद ले रही है। आधुनिक जीवन को दरपेश समस्याएँ यथा बाज़ारवाद, शहरीकरण, महानगरीय संवेदनहीनता, स्त्री सशक्तिकरण, युवावर्ग की बेचैनी, पर्यावरण, प्रदूषण, गाँवों का खाली होना, आत्मकेंद्रित समाज, व्यवस्थागत विसंगतियाँ, आतंकवाद, मजहबी उन्माद, आधुनिकीकरण, दिशाहीन जीवन-स्थितियाँ, मजदूर, किसान, सामाजिक अन्तर्विरोध, औद्योगीकरण के मानवीय पहलू, अलगाववाद, साम्प्रदायिक सौहार्द, जीवन-संघर्ष, ईर्ष्यापूर्ण प्रतिस्पर्धा, नौकरशाही, राजनैतिक पतन, भ्रष्टाचार, पूँजीवाद, भूमंडलीकरण, बहुराष्ट्रीय कंपनियों का जाल, धार्मिक आडम्बर, अंधविश्वास, कम्प्यूटरीकरण और मोबाइल के दुष्प्रभाव आदि सभी विषय हिंदी ग़ज़ल की पकड़ में हैं। ऐसा नहीं कि हिंदी ग़ज़ल केवल समकालीन परिदृश्य का ही चित्रण कर रही है इसमें हमेशा रहने वाले विषयों जैसे रिश्ते-नाते, स्वार्थपरता, मित्रता, दुश्मनी, प्रेम, शृंगार, त्याग, देशप्रेम, बचपन, जवानी, बुढापा, मानवीय स्वभाव, भारतीय जीवन मूल्य, आशा, निराशा, मानवीय जिजीविषा, धोखेबाजी, ईर्ष्या, द्वेष, प्रकृति, अध्यात्म, जीवन-दर्शन आदि को भी पर्याप्त स्थान मिला है। एक बात हिंदी ग़ज़लों से गुज़रते हुए प्रमुख रूप से सामने आती है कि इनमें उर्दू ग़ज़लों की तुलना में झींकने का स्वर थोड़ा मंद है और आशा के स्वर नुमायाँ हैं।

मित्रो ! हिंदी ग़ज़ल की इस रचना-यात्रा में मैं भी पिछले तीस-पैंतीस वर्षों से एक समर्पित यात्री की तरह चला आ रहा हूँ। मेरे पिछले चार पड़ावों के रूप में चार

गजल संग्रह—'शबनमी अहसास', 'हवा के काँधे पे', 'जो छूना चाहूँ तो...' और 'तस्वीर लिख रहा हूँ' के रूप में सामने आये हैं। अपनी रचना यात्रा के अगले पड़ाव के रूप में यह पांचवां गजल संग्रह 'रास्ता दिल का'आपको इस उम्मीद से सौंप रहा हूँ, कि आप समकालीन गजल परिदृश्य में मेरी उपस्थिति को परखें और बताएँ कि मेरी ग़ज़लें कैसी लगीं। आपकी पाठकीय प्रतिक्रिया की सदैव प्रतीक्षा रहेगी।

इस अवसर पर अपने माता-पिता और अन्य पूर्वजों को याद करते हुए अपने काव्य-गुरु उस्ताद 'ख़्वाब' अकबराबादी साहब को नमन करता हूँ जिन्होंने मुझे ग़ज़ल की बारीकियों से अवगत कराया। प्रसिद्ध ग़ज़लकार और आलोचक श्री हरेराम समीपजी का आभारी हूँ जिन्होंने सदैव मुझे प्रोत्साहित किया और इस संग्रह की रचनाओं के चयन में सहायता की। गुरू भाई ग़ज़लकार श्री रामगोपाल शुक्ल 'तपिश' सुल्तानपुरी, ग़ज़लकार श्री 'शबनम' अन्सारी,ग़ज़ल-गुरुश्री विजय कुमार स्वर्णकार तथा ग़ज़लकार पं अक्स' लखनवी को धन्यवाद देता हूँ जिनके सकारात्मक सुझाव सदैव मुझे प्राप्त हुए। बेटी दिव्या, दामाद अनुभव तथा बेटे अवलीक को आशीर्वाद देता हूँ, जिनका स्नेह मेरा संबल रहा है। जीवनसंगिनी कवयित्री रजनी का आभार व्यक्त करने के लिए शब्द नहीं हैं,जिसने घर-परिवार और मेरे जीवन को काव्यात्मकता प्रदान की है। हिंदी ग़ज़ल के बड़े नाम आदरणीय बालस्वरूप राही जी का हृदयतल से आभारी हूँ जो आशीर्वाद स्वरूप इस पुस्तक के लिए उन्होंने दो शब्द लिखे।

भारतीय ज्ञानपीठ का आभारी हूँ, जिन्होंने मेरे ग़ज़ल-संग्रह को प्रकाशित करने का दायित्व लिया।

—ऋषिपाल धीमान 'ऋषि'

email: rishi507dhiman@gmail com

अनुक्रम

रास्ता दिल का

1

धरती का करें पाप से उद्धार कन्हैया
लेते हैं समय आने पे अवतार कन्हैया

है शर्त यही प्रेम हो इंसान के दिल में
अंधे को भी दे देते हैं दीदार कन्हैया

मानव का लहू बहने से बच जाए तो बेशक
रणछोड़ कहाने को हैं तैयार कन्हैया

इंसान के बस का ही नहीं जिनको समझना
कर देते हैं ऐसे भी चमत्कार कन्हैया

मीरा-सी लगन गोपी-सा विश्वास अगर हो
निश्चित हमें भी देंगे वही प्यार कन्हैया

तूफ़ान में भी तैरती रहती है मज़े से
जिस नाव की बन जाते हैं पतवार कन्हैया

जीवन को किया जबसे कन्हैया के हवाले
तबसे हैं मेरे दर्द का उपचार कन्हैया

2

कर जाती हैं आँखें गीली आवाज़ें
आती हैं जब याद पनीली आवाज़ें

काँप उठते थे सुनकर जिनको बचपन में
हाय! हुईं गुम वे रौबीली आवाज़ें

गलियों की, पनघट की खुसर-फुसर वाली
याद आती हैं छैल-छबीली आवाज़ें

यादों की सेजों पर सिमटी बैठी हैं
भोली-भाली-सी शर्मीली आवाज़ें

शोर 'कुकर' का बहुत है पर वह बात कहाँ?
कब करती थी माँ की पतीली आवाज़ें?

ऊपर ढक्कन अंदर जिनमें कुछ भी नहीं
वे करते हैं ख़ाली-पीली आवाज़ें

रूह के पावों में चुभती हैं जब देखो
बिखरी हैं हर ओर नुकीली आवाज़ें

3

सुख़न हासिल नहीं होता है ताली, दाद का होकर
ये हासिल होता है सच्चे किसी उस्ताद का होकर

मुझे जीवन के हर पहलू को छूने की तमन्ना है
मुझे भाता नहीं रहना किसी भी 'वाद' का होकर

चमन जिसने छुड़ाया, जिसने छीनी उसकी आज़ादी
परिन्दा रह गया लेकिन उसी सैयाद का होकर

ज़मानेभर के दुक्खों ने जगह पा ली है अब इसमें
भला रहता कहाँ तक दिल किसी की याद का होकर

किसी को ज़ह्न के जंगल में खोकर चैन मिलता है
किसी को चैन मिलता है दिले-बर्बाद का होकर

मेरे दिल में धड़कते हैं अभी तक रुड़की-माधोपुर
भले ही रह गया हूँ अब अहमदाबाद का होकर

अब ऐसे आदमी को क्या 'ऋषी' जी हम कहें, बोलो
जो पीतल से करे नफ़रत मुरादाबाद का होकर

4

हालात से हाथापाई है
जुल्मात से हाथापाई है

नींद नहीं उसकी आँखों में
और रात से हाथापाई है

पहले धर्म पे सीसफ़ुटव्वल
अब जात से हाथापाई है

मतलब के आगे नतमस्तक
जज़्बात से हाथापाई है

ख़ुद की छत है टूटी-फूटी
बरसात से हाथापाई है

पहले झगड़ा दुनिया से था
अब ज़ात से हाथापाई है

संगीत आजकल का जैसे
नग़्मात से हाथापाई है

5

आदमी रद्दोबदल
साँस की रद्दोबदल

जीना-मरना सिर्फ़ है
रूह की रद्दोबदल

है भला किस काम की
ऊपरी रद्दोबदल

उम्रभर को कर गई
इक घड़ी रद्दोबदल

कारगर कम होती है
मख़मली रद्दोबदल

मन जो बदला, हर तरफ़
हो गई रद्दोबदल

हो ही जाए अब 'ऋषी'
आख़री रद्दोबदल

6

अच्छे हैं बंदिश के नखरे
रोज़ सहो वर्ज़िश के नखरे

तुमने उठाए, हमने उठाए
जीवनभर ख़्वाहिश के नखरे

नभ की ओर लगी हैं आँखें
देखो तो बारिश के नखरे

छोड़ दिया है अब तो उठाना
जीवन की गर्दिश के नखरे

देखे कोई कब तक आख़िर
दिल की फ़रमाइश के नखरे

तुमको उठाना है तो उठाओ
आपस की रंजिश के नखरे

ज़ीस्त का रक़बा सिफ़र् है, उस पर
मौत की पैमाइश के नखरे !

7

ग़ुस्से में यों न लफ़्ज़ ज़बाँ से निकालिए
पहले दिमाग़-दिल का तवाज़ुन सँभालिए

सहयोग मेरे काम में बेशक करें न आप
लेकिन हर एक काम में अड़चन न डालिए

चलता नहीं है आपका बस और तो कहीं
मौक़ा ब मौक़ा मेरी ही पगड़ी उछालिए

माज़ी के मुर्दे ज़ह्न की कब्रों में ठीक हैं
जो हो गया सो हो गया अब ख़ाक डालिए

होती नहीं तू ख़ुश कभी रिश्तों की सुन्दरी
हमने तो जानबूझके धोखे भी खा लिए

इक भूल मेरी तुझसे पचाई न जा सकी
तेरे हज़ार ऐब भी मैंने छिपा लिए

सबके नसीब में नहीं शुहरत की मंज़िलें
अफ़सोस छोड़िए 'ऋषि'! कुंठा न पालिए

8

रोने का दस्तूर न कर
ज़ख़्मों को नासूर न कर

आज है दुख कल सुख होगा
तू दिल को रंजूर न कर

मुझे रुलाने वाले! अब
हँसने पर मजबूर न कर

खो जाएगा गुम होकर
ख़ुद को ख़ुद से दूर न कर

अय मुझको ठगने वाले!
धोखे को दस्तूर न कर

निजता खो जाए, ख़ुद को
इतना भी मशहूर न कर

उसको पाना है, तो फिर
उससे कम मंजूर न कर

9

ज़हर भी होता है दवा महसूस
अब नहीं होती बद्दुआ महसूस

ख़ुद के ग़म इक तरफ़ हटा के कभी
औरों के ग़म भी कर ज़रा महसूस

अब तो गिरगिट को मात देता है
आदमी होता था भला महसूस

क़ुर्बतों का तिलिस्म टूट गया
होता रहता है फ़ासला महसूस

छटपटाओगे तब ही बचने को
होगी जब तुमको इन्तिहा महसूस

हर ख़ुशी में हर एक ग़म में 'ऋषी'
तुम करोगे मेरी दुआ महसूस

10

चलता हूँ इसके साथ इसे काटता नहीं
इस वास्ते ही वक्त मुझे काटता नहीं

मज़हब की खाल ओढ़े है दहशत का जानवर
हम क्यों समझ रहे हैं कि ये काटता नहीं

रखता हूँ मैं लिहाज़ बुज़ुर्गों का आज भी
बात उनकी कैसी भी हो उसे काटता नहीं

आख़िर तो जानवर है ज़रूरी है एहतियात
बेशक ये पालतू है मुझे काटता नहीं

देता है चकमा मौत को तर्रार नेवला
ऐसा नहीं कि साँप उसे काटता नहीं

पाले हैं जबसे उसने परिन्दे वफ़ाओं के
ख़ाली मकान दिल का उसे काटता नहीं

दिल में तू अब भी रहती है ख़्वाहिश की सुन्दरी!
चक्कर मैं तेरे घर के भले काटता नहीं

11

हर किसी के सवाल तीखे हैं
इस सदी के सवाल तीखे हैं

सज्दे में भी ख़याल दुनिया का ?
बन्दगी के सवाल तीखे हैं

ख़ुद किसी बात का न दे जो जवाब
बस उसी के सवाल तीखे हैं

डूबने तक को जिसमें जल न बचा
उस नदी के सवाल तीखे हैं

मौत में मत जवाब ढूँढ़, भले
ज़िन्दगी के सवाल तीखे हैं

किस तरह दूँ शहद में डूबे जवाब ?
आप ही के सवाल तीखे हैं

ख़ुद पे चुप और ज़मानेभर से 'ऋषी'
आदमी के सवाल तीखे हैं

12

सोचे बिन हद से हम गुज़र बैठे
और अब हैं पकड़ के सर बैठे

हमने बाज़ार का न मुँह देखा
आफ़तें मोल ली हैं घर बैठे

एक भी खिड़की ख़्वाब की न खुली
नींद के दर पे रातभर बैठे

आसमां की ख़बर जो ले आता
उस परिंदे के पर कतर बैठे

बेहुनर पा गए हैं शुहरत और
रह गए यों ही बाहुनर बैठे

है मुसीबत, मगर मुहब्बत हम
आव देखा न ताव कर बैठे

ऐ 'ऋषी' तुम जहान में आकर
करना कुछ था, कुछ और कर बैठे

13

बोझ उतरना कि ढोना एक-सा है
जग का पाना कि खोना एक-सा है

कोई सोता है जागता है कोई
रात का तो बिछौना एक-सा है

झुनझुना ग़म का या ख़ुशी की ड.फ़
अब तो हर इक खिलौना एक-सा है

प्यार से भर के दे पियाला तो
पूरा, आधा कि पौना एक-सा है

इसमें तीखा पका लो या मीठा
ज़िन्दगी का भगोना एक-सा है

प्रेम-संसार की है रीत अलग
इसमें हँसना कि रोना एक-सा है

क्यों रहूँ उनके पास जिनके लिये
मेरा होना न होना एक-सा है

14

दिल्लगी का वो ज़माना छूटा
यारों से मिलना-मिलाना छूटा

खेत-खलिहान बिके क्या अपने
गाँव जाने का बहाना छूटा

राग जीवन ने सिखाए क्या-क्या
मेंड़ पे बैठके गाना छूटा

घर के होते भी लगे बेघर हूँ
जबसे पुश्तैनी ठिकाना छूटा

यों लगा छूट गए जैसे प्राण
जब कोई यार पुराना छूटा

जीत के कंचे, ख़तों की दौलत
ज़िन्दगी का वो .खज़ाना छूटा

दिल तो पहले भी कहाँ मिलते थे
हाथ भी अब तो मिलाना छूटा

15

कर्ज़ों के ग़म में खुशियों के संबल तितर-बितर
आँगन उदास, बहुओं की पायल तितर-बितर

मरुभूमियाँ निगल गईं सरसब्ज़ खेतियाँ
आबादियों ने कर दिये जंगल तितर-बितर

मतलब की आँधियाँ चलीं खुशियों के गाँव में
बाबा की पगड़ी, अम्मा का आँचल तितर-बितर

अधिकार का प्रयोग हो लेकिन सँभालकर
कर देता दाने-दाने को मूसल तितर-बितर

बारिश का साथ आँसुओं ने रातभर दिया
बिरहन का इसलिए हुआ काजल तितर-बितर

जुटती रहेगी ख़्वाहिशों की भीड़ कब तलक
कर डाले इसने चैन के सब पल तितर-बितर

आसार बारिशों के बहुत थे 'ऋषी', मगर
चंचल हवा ने कर दिये बादल तितर-बितर

16

बदन की सर्द हरारत को मौत कहते हैं
कि साँस लेने से फ़ुर्सत को मौत कहते हैं

वतनपरस्तों से निस्बत है ज़िन्दगी की मिसाल
वतनफ़रोशों की सुहबत को मौत कहते हैं

ठहरके जिसके तले भूल जाएँ हम मंज़िल
सुकून-चैन की उस छत को मौत कहते हैं

मुहब्बतों की इबादत है ज़िन्दगी लेकिन
मुहब्बतों की तिजारत को मौत कहते हैं

ये रात होते ही सो जाती है बिलानागा
कि ज़िन्दगी की इसी लत को मौत कहते हैं

झुके जो सर किसी कमज़र्फ़ के ठिकाने पर
हम ऐसी सख़्त ज़रूरत को मौत कहते हैं

वतन के नाम शहादत है ज़िन्दगी ऐ 'ऋषी'
शहादतों पे सियासत को मौत कहते हैं

17

उल्टे-सीधे बयान से पहले
ज़ह्न को रख ज़बान से पहले

पाठ इंसानियत का पढ़ ले ज़रा
वेद, बाइबिल, कुरान से पहले

सारी दुनिया को माना था क़ुनबा
किसने हिंदोस्तान से पहले?

तोलता है वो पंख और बाजू
पंछी ऊँची उड़ान से पहले

घर नहीं बन सका, बना तो था
घर का नक्शा मकान से पहले

हौंसलों की उड़ान पर है तू
रुक नहीं आसमान से पहले

कैसे मुन्सिफ़ ने दे दिया है 'ऋषी'
फ़ैसला भी बयान से पहले?

18

हक़ीक़त से चुराओगे नज़र ऐ हमनशीं कब तक
क़दम का साथ देगी यह ख़यालों की ज़मीं कब तक

ज़माने पर, मुक़द्दर पर, क़यामत पर बहस अब भी
बदल जिसको नहीं सकते हो उसके नुक्तचीं कब तक

किराये पर हुआ रहना, अब अपने घर चला जाए
बदन के घर में आख़िर हम रहें बनकर मकीं कब तक

न आया इसके दामन में सितारा कोई बरसों से
तके सूनी निगाहों से फ़लक तुझको ज़मीं कब तक

क़यामत आई जाती है हुई तेरी इनायत क्या?
टिकाकर तेरी चौखट पर रखूँ आख़िर जबीं कब तक

चलो निजधाम की छोड़ो कहीं तो दो ठिकाना अब
भटकता मैं रहूँ आख़िर यूँ ही कब तक यहीं कब तक

बढ़ें मक़सूद मंज़िल की तरफ़ भी अब क़दम मेरे
'ऋषी' भटकाएगी हिर्सो-हवस की नाज़नीं कब तक

19

ख़ुद के ऐबों को हम छिपाने में
रह गये जिस्म को सजाने में

लाल-पीले तो पल में होते हो
ज़ोर आता है मुस्कराने में

पीलो-पीलो मुहब्बतों की शराब,
मेरे दिल के शराबख़ाने में

मेरी नाकामियों का ज़िक्र तो है
और क्या है तेरे फ़साने में

जो मुखौटा लगाके जीते हो
उम्र लग जाएगी हटाने में

चलने तो दो हवाएँ मतलब की
तुम दिखोगे ग़रीबख़ाने में

क्या सँभालें उसे 'ऋषी' जिसको
लुत्फ़ आता हो लड़खड़ाने में

20

तूने बेशक न मुझे रोज़ रुलाना छोड़ा
कब निगाहों ने मेरी ख़्वाब सजाना छोड़ा

बार-बार आँखें मेरी करती रहीं नम काग़ज
नामुकम्मल नहीं पर तेरा फ़साना छोड़ा

बेगुनाही मेरी साबित हुई हर बार मगर
ज़ालिमों ने नहीं इलज़ाम लगाना छोड़ा

इस तरह प्यार में तकरार रही जीवनभर
रूठना उसने न मैंने ही मनाना छोड़ा

ख़ुद को पाने के लिए छोड़ना होगा ख़ुद को
कुछ नहीं छोड़ा अगर सिर्फ़ ज़माना छोड़ा

वो घड़ी आज भी रह-रहके दुखाती है दिल
जिस घड़ी हमने बुज़ुर्गों का ठिकाना छोड़ा

लौटकर दुनिया में आया 'ऋषि' लेकिन उसने
जोग रक्खा है भले जोगिया बाना छोड़ा

21

ख़ुद को बाज़ीगर समझता आ रहा है आदमी
ख़्वाहिशों की उँगलियों पर नाचता है आदमी

जाने किस-किस से उलझता फ़र्ज़ की दहलीज़ पर
आँधियों के बीच जलता इक दिया है आदमी

जिनपे इसका बस नहीं है, वास्ता जिनसे नहीं
क्यों उन्हीं बातों को अक्सर सोचता है आदमी

है परेशाँ, खो गया है आजकल जाने कहाँ
आदमी में आदमी को ढूँढ़ता है आदमी

और कुछ इसकी हक़ीक़त है नहीं इसके सिवा
बस ख़ुदा की मरज़ियों का तरजुमा है आदमी

मय भी है, मीना भी है, साग़र भी है, साक़ी भी है
फिर भी मैख़ाने में प्यासा ही खड़ा है आदमी

मौसिक़ी से, शाइरी से, बुततराशी से कभी
आसमानों को ज़मीं तक ला रहा है आदमी

22

रौशनी को हाथ मत फैला किसी के सामने
ख़ुद चराग़ों की तरह जल तीरगी के सामने

चुनना पड़ता है ज़मीर और नाम में से एक को
ऐसे भी आते हैं मौके आदमी के सामने

इसलिये मुझसे ख़फ़ा है दोस्त मेरा आजकल
मैंने उसकी बात रख दी थी उसी के सामने

अन्त में आँखों से ख़ुद ही खिलखिलाकर झर गये
आँसुओं की चल न पाई जब हँसी के सामने

बोल मिसरी में पगे हैं दिल रँगा है प्रेम में
रंग गोरा कुछ नहीं उस साँवली के सामने

हर कोई औरों की इज़्ज़त का नहीं रखता ख़याल
बात दिल की मत किया कर हर किसी के सामने

23

ग़ौर आँसू पर, हँसी पर ग़ौर कर
ज़िन्दगी की मसख़री पर ग़ौर कर

कब तलक आख़िर मनेगा जन्मदिन
अब तो गाफ़िल! रुख़सती पर ग़ौर कर

ज़िन्दगी की मछलियाँ मर जाएँगी
प्यार की सूखी नदी पर ग़ौर कर

अपनी हिम्मत पर भी थोड़ा ध्यान दे
मत फ़क़त तू बेबसी पर ग़ौर कर

बुज़दिलों की बात है अपनी जगह
तू मगर ज़िन्दादिली पर ग़ौर कर

औरों के शेरों की ख़ामी बाद में
पहले अपनी शाइरी पर ग़ौर कर

पाना है उसको तुझे गर ऐ 'ऋषी'
लाज़मी है तू ख़ुदी पर ग़ौर कर

24

फ़रिश्ते जैसे कुछ लोगों को दुनिया से मिले पत्थर
कई दुष्टों के नामों के नगर में लग गये पत्थर

हरिक की हैसियत को देखकर है इन्तिज़ाम उसका
किसी के वास्ते गुल हैं किसी के वास्ते पत्थर

वो हाथ आई हुई बाज़ी भी अक्सर हार जाता है
ज़रूरत के समय पड़ जाएँ जिसकी अक्ल पे पत्थर

बहुत हँसमुख भी थे और उनका लहज़ा भी मुलायम था
सुनी मेरी परेशानी तो झट से बन गये पत्थर

ग़ज़ब की मेरी किस्मत है ग़ज़ब का हूँ शजर मैं भी
नहीं थे उतने फल मुझपर कि जितने पड़ गये पत्थर

जो मेयारी कलाम उसका सुना तो यह ख़याल आया
ज़रूर उस्ताद की चौखट के इसने हैं घिसे पत्थर

'ऋषीजी' तब कहीं जाकर फ़िसलना कम हुआ कुछ-कुछ
लगाए ख़्वाहिशों के फर्श पर जब खुरदरे पत्थर

25

कम पसंद करते हैं ठहराव ज़माने वाले
नित नये करते हैं बदलाव ज़माने वाले

आज तक आई नहीं बात छुपाने की कला
भाँप लेते हैं मेरे भाव ज़माने वाले

पहले विश्वास में लेकर हमें करते रुस्वा
देते हैं मूँछों पे फिर ताव ज़माने वाले

ज़िक्र करना भी नहीं लगता मुनासिब जिनका
ऐसे भी देते हैं कुछ घाव ज़माने वाले

मैंने बाज़ार में रक्खा ही नहीं है ख़ुद को
क्या लगाएँगे मेरा भाव ज़माने वाले

आईना बनके दिखाए जो सही शक्ल इनकी
उसपे ही करते हैं पथराव ज़माने वाले

ख़ुद की दुनिया में सिमटना ही 'ऋषी' रास आये
मुझको भाते नहीं फैलाव ज़माने वाले

26

हर कोई दुनिया में अकेला है
वैसे सबका सभी से रिश्ता है

कौन ख़ामोश को समझता है,
बोलें जो, उनका बोलबाला है

किस कदर ज़ह्र है हवाओं में
साँस लेना भी युद्ध जैसा है

वोट की मछलियाँ फँसाने को
किसने वादों का जाल फेंका है?

'एनक्व्यारी' की खिड़की के उस पार
प्रश्न मेरा पहुँच न पाता है

फिर ख़यालों की रेल आई क्या?
दिल के स्टेशन पे शोर कैसा है?

है क़यामत वबा ये कुछ के लिये
और कुछ के लिये ये मौक़ा है

27

ख़ुशी का भी होगा उजाला किसी दिन
ग़मों का भी मुँह होगा काला किसी दिन

है दौलत सुकूं-चैन की बन्द जिसमें
खुलेगा तिजोरी का ताला किसी दिन

तेरे मेरे दिल के जो मोती जुड़ें तो
बनेगी वो इक प्रेममाला किसी दिन

मेरे दिल गुज़रने दे ये दौर काला
पियेंगे हम आनन्द-हाला किसी दिन

ये पूजा के मंत्रों से आबाद होगा
मेरे दिल का उजड़ा शिवाला किसी दिन

हसद, बैर, नफ़रत हैं नाम आग ही के
जला दे न हमको ये ज्वाला किसी दिन

ये ग़म और निराशा का आलम 'ऋषीजी'
ग़ज़ल में भी जायेगा ढाला किसी दिन

28

रावणों का आक्रमण है इन दिनों
नित नया सीताहरण है इन दिनों

शब्द लज्जित हैं कहें तो क्या कहें
कितना मूल्यों का क्षरण है इन दिनों

मृत्यु का मन में नहीं हो भय तनिक
कितना दुर्लभ ऐसा क्षण है इन दिनों

एक अनदेखा है दुश्मन हर तरफ़
और जीवन जैसे रण है इन दिनों

धर्म, शिक्षा, स्वास्थ्य, लेखन और कला
सबका व्यापारीकरण है इन दिनों

हो रहा दूषित धुएँ से स्वार्थ के
सोच का पर्यावरण है इन दिनों

कौन अन्तर्वस्तु को देखे 'ऋषी'
बिकता केवल आवरण है इन दिनों

29

कहीं ख़ुद का मैं नाम कम बोलता हूँ
कि बोलेगा ख़ुद काम, कम बोलता हूँ

भले थक भी जाऊँ मगर ये है फ़ितरत
करूँ थोड़ा आराम कम बोलता हूँ

ख़रीदे कोई मेरा सामान क्योंकर
मैं लागत से भी दाम कम बोलता हूँ

तुझे ज़िंदगी सोचता हूँ मैं हर पल
लगा तू न इल्ज़ाम कम बोलता हूँ

मैं अज्ञानियों में हूँ अव्वल तभी तो
सवेरा हो या शाम कम बोलता हूँ

मुझे लेके वाचालों की महफ़िलों में
मचा है ये कुहराम कम बोलता हूँ

वो माहिर हैं मशहूर हैं बोलते हैं
'ऋषी' मैं हूँ गुमनाम कम बोलता हूँ

30

कही बातों को तेरी अनकही भी कर नहीं सकता
मिली कड़वाहटों को शीरनी भी कर नहीं सकता

भले दिल में ख़ुशी के दीपों की जगमग न कर पाऊँ
बहाने ग़म के इसमें तीरगी भी कर नहीं सकता

नज़रअंदाज़ ख़ुद की ज़िंदगी को तो भले कर दूँ
मैं तुझसे एक पल की बेरुख़ी भी कर नहीं सकता

दिया छोटा-सा हूँ इतना गया गुज़रा नहीं हूँ पर
कि तेरे घर में थोड़ी रौशनी भी कर नहीं सकता

किया मतलबपरस्ती में जो मेरे यार ने मुझसे
कि वह बर्ताव कोई अजनबी भी कर नहीं सकता

बड़ा सीधा है ये आ जाता है बहकावे में सबके
अब अपने दिल की हर पल चौकसी भी कर नहीं सकता

ये सच है वो नहीं है दोस्ती करने के काबिल पर
वो है कमज़र्फ़ उससे दुश्मनी भी कर नहीं सकता

31

उसने शरारतों को भी पेशा बना दिया
इसने शराफ़तों को भी पेशा बना दिया

पहले से थीं वकालतें तो कारोबार ही
अब तो अदालतों को भी पेशा बना दिया

चारागरी के माने था ख़िदमत अवाम की
अब तो हिदायतों को भी पेशा बना दिया

हर शख़्स बेचने को है तैयार कुछ न कुछ
रिश्तों, रिफाक़तों को भी पेशा बना दिया

मुश्किल हुआ है कहना सियासत है या कुछ और
जबसे बग़ावतों को भी पेशा बना दिया

इंसानियत ये देखके रोई थी ज़ार-ज़ार
कुछ ने जब आफ़तों को भी पेशा बना दिया

बिकने लगे हैं झुंड के झुंड आदमी 'ऋषी'
कैसे सियारातों को भी पेशा बना दिया।

32

याद उल्फ़त का है सफ़र कुछ तो
देखी-भाली है ये डगर कुछ तो

माना तुम जैसे हम नहीं माहिर
पास अपने भी है हुनर कुछ तो

हौंसलों का ही खेल उड़ान सही
काम आते हैं बालो-पर कुछ तो

मुन्सिफ़ी पर तेरी सवाल नहीं
आए इन्साफ़ भी नज़र कुछ तो

हम मुहब्बत में झुक गए कितना
तू भी आकाश से उतर कुछ तो

ग़म के आगे न टेक यों घुटने
ऐ मेरे दिल! तू रख जिगर कुछ तो

जश्न में आएँगे सभी सजकर
ऐ 'ऋषी' तू भी बन-सँवर कुछ तो

33

इक ऊँची सोच ही का तमाशा बना दिया
लोगों ने सादगी का तमाशा बना दिया

जिसने बढ़ाई कौम की इज़्ज़त जहान में
बेशर्मों ने उसी का तमाशा बना दिया

ऐ यार! तेरी ख़ामियाँ मैंने सँभाल लीं
तूने मेरी कमी का तमाशा बना दिया

परछाइंयों के देश से आए हैं इसलिये
सूरज की रौशनी का तमाशा बना दिया

दुनिया जहान अपनी जगह, ख़ुद की सोच है
जिसने कि आदमी का तमाशा बना दिया

तारीफ़ के ग़ुलाम, गवैये व मसख़रे
इन सबने शाइरी का तमाशा बना दिया

लेकर जदीदियत का 'ऋषी' नाम आजकल
रक़्स और मौसिक़ी का तमाशा बना दिया

34

देखिए जाएगा मुकर पक्का
उसने वादा किया मगर पक्का

ले गईं नींद कर्ज़ की किश्ते
बनने को बन गया है घर पक्का

आ रहे हैं मिज़ाजपुर्सी को!
आइए करके दिल मगर पक्का

कुछ सिफ़त तुममें और भी होगी
झूठ कहने का है हुनर पक्का

आइना लेके जा रहे तो हो
होना महफ़िल में है गदर पक्का

रिश्तों में ज़हर घोलेगी इक दिन
आपकी ये खुसर-फुसर ,पक्का

पत्थरों ने ये काम अच्छा किया
हो गया और मेरा सर पक्का

35

आज़माइश में डाल देता है
फिर मुसीबत को टाल देता है

गेरा दुश्मन मेरे हवाले से
दोस्ती की मिसाल देता है

मेरे गम्भीर प्रश्न पर भी वह
क़हक़हा इक उछाल देता है

ग़म की रातों में कोई दिल में मेरे
आस का दीप बाल देता है

अपनी ग़लती वो मानने की जगह
ऐब मुझमें निकाल देता है

ख़ुदनुमाई को बज़्म में आकर
फ़ित्ने क्या-क्या उछाल देता है

बात करता है देर तक वो 'ऋषी'
काम की बात टाल देता है

36

हाय–तौबा फ़िज़ूल फागुन में
हो ही जाती है भूल फागुन में

छोटी–मोटी–सी छेड़खानी को
कौन देता है तूल फागुन में?

सालभर का मुहब्बतों का उधार
कर लिया है वसूल फागुन में

पारसाओ! दुखी न होना, गर
टूट जाएँ उसूल फागुन में

उनके भी पथ में प्रेम–जल छिड़कें
फ़ाँकते हैं जो धूल फागुन में

दिल में गड़ते हैं और भी गहरे
हसरतों के त्रिशूल फागुन में

वो शरारत से पूछते हैं 'ऋषी'
कैसे रहते हो 'कूल' फागुन में?

37

कुछ समाजी, कुछ निजी, कुछ खानदानी सोच का
आदमी तो आईना है आनी-जानी सोच का

ऊँचे चढ़ते जाने की बात आपकी अच्छी तो है
क्या करें लेकिन हम अपनी इत्मिनानी सोच का

ज़िन्दगी की हर समस्या का नज़र आएगा हल
है ज़रूरी करते रहना साफ़ पानी सोच का

हाथ में सत्ता नहीं है, ख़ुद को समझें बादशाह
लाइलाज इनका मरज़ है हुक्मरानी सोच का

तज्रबों के सान पर घिसता है कोई सोच को
बोझ कोई ढोता है बस खानदानी सोच का

फूल-सा चेहरा किसी का देखने से आए जो
रहता है शबभर असर उस रातरानी सोच का

सच का हो या झूठ का पर साथ खुलकर दीजिए
छोड़िए पीछा 'ऋषीजी' दरमियानी सोच का

38

मुआफ़ी का कोई इमकान रस्ता रोक लेता है
मुहब्बत वाला दस्तरख़्वान रस्ता रोक लेता है

ज़रूरत के मुताबिक हो तो जीवन को करे आसान
ज़ियादा हो अगर सामान रस्ता रोक लेता है

कहीं रुकते नहीं बनता कहीं चलते नहीं बनता
अधूरा जब कोई अरमान रस्ता रोक लेता है

नहीं रस्ते का हो यदि ज्ञान मंज़िल दूर है रहती
मगर हद से ज़ियादा ज्ञान रस्ता रोक लेता है

जो नाजायज़ किसी ख़्वाहिश की जानिब पग उठाऊँ तो
कभी अनुभव कभी ईमान रस्ता रोक लेता है

अगर केवल हो उसका ध्यान मंज़िल आए चलकर ख़ुद
मगर संसार भर का भान रस्ता रोक लेता है

बहुत मुश्किल है घर को छोड़ना सिद्धार्थ की मानिंद
कभी आँगन कभी दालान रस्ता रोक लेता है

39

ज़मानेभर से बचाए वो आशियाँ घर है
ख़ुद अपने-आप मगर लेता इम्तिहाँ घर है

ख़मोशियाँ थीं, उदासी थी कोने-कोने में
बना तुम्हारे ही आने से ये मकां घर है

भरोसे की बनी दीवारें, छत मुहब्बत की
जहाँ-जहाँ भी ये हों बस वहाँ-वहाँ घर है

मकानभर में फिरूँ ढूँढ़ता, नहीं मिलता
समझ में आता नहीं गुम हुआ कहाँ घर है

जो दिल की आखों से देखोगे तो ये पाओगे
कि बेघरों के भी दिल में कोई निहाँ घर है

न जाने कितने सफ़र, कितनी मंज़िलों के निशां
उमीद, ख़्वाब, विरासत का कारवां घर है

बचें तो कैसे बचें हम बुरी नज़र से 'ऋषी'
हमारा ज़हनी लुटेरों के दरमियाँ घर है।

40

अक्सर बना के रक्खी है हमने तो सबके साथ
ठनने को ठन गई कभी हाँ, अपनी रब के साथ

इक रोज़ यों ही आइये, मिलिये ग़रीब से
आप आते तो ज़रूर हैं लेकिन सबब के साथ

दुनिया को रौशनी नहीं, देता है ज़िन्दगी
सूरज का नाम लीजिये किब्ला अदब के साथ

होगा तुम्हारे साथ वही सबकी ओर से
अब तक सुलूक जो भी किया तुमने सबके साथ

क्या भावना है आपकी आएगी सामने
मिलने ज़रा तो दीजिए लफ़्ज़ों को लब के साथ

यारों से भी न बात करी तुमने सीधे मुँह
हमने तो दुश्मनों को भी टोका अदब के साथ

वाकिफ़ हैं जो हमारी हक़ीक़त से ऐ 'ऋषी'
वे यार कब बुलाते हैं हमको लक़ब के साथ

41

इंसानियत की बात पुरानी ज़रूर है
लेकिन ये बात सबको बतानी ज़रूर है

कोई डरो सुने न सुने, ज़ोर-शोर से
आवाज़ सच के हक़ में उठानी ज़रूर है

इक रोज़ ठीक राह पे आ जाएगी ज़रूर
भटकी समय की आज रवानी ज़रूर है

बूँदें लहू की और हैं कुछ पंख इधर-उधर,
ख़ाली है पिंजरा, कुछ तो कहानी ज़रूर है

मेरे किये-कराये पे फेरेगा तो नहीं,
हाथों में उसके स्वार्थ का पानी ज़रूर है

सबसे हैं बढ़ के आप मगर भूलिये नहीं
कोई कहीं तो आपका सानी ज़रूर है

हर कोई मालामाल हो दौलत से प्रेम की
दुनिया 'ऋषि' जी ऐसी बसानी ज़रूर है

42

ज़िन्दगी को कोसे जाना अच्छा थोड़ी लगता है
आदतन आँसू बहाना अच्छा थोड़ी लगता है

रूठना भी इक अदा है बात हमने मान ली
हर घड़ी का मुँह फुलाना अच्छा थोड़ी लगता है

दिल दुखा हो जिनसे उन बातों को करना याद और
अच्छी बातें भूल जाना अच्छा थोड़ी लगता है

आए हैं मिलने तो कुछ मेरी भी सुन लीजे हुज़ूर,
अपनी ही बस कहते जाना अच्छा थोड़ी लगता है

ख़्वाब के मोती भी होने चाहिए आँखों के पास
सिर्फ़ अश्कों का ख़ज़ाना अच्छा थोड़ी लगता है

सीखकर फ़न जिनसे तुम फ़नकार ख़ुद को कहते हो
उनको ही आँखें दिखाना अच्छा थोड़ी लगता है

जीत पर भी तो मेरी हँसकर दिखाएँ वो 'ऋषी'
हार पर ही खिलखिलाना अच्छा थोड़ी लगता है

43

यों कभी लगता है जैसे मुश्किलों से दूर हूँ
ये भी लगता है ख़ुशी की महफ़िलों से दूर हूँ

मान से ख़ुश और दुखी अपमान से होता हूँ मैं
मैं अभी तक पुख़्तगी की मंज़िलों से दूर हूँ

मेरे अपनों ने किया अपनों का ही क़िस्सा तमाम
मैं समझता ही रहा मैं क़ातिलों से दूर हूँ

यों तो है आभास सबका, हूँ मगर सबसे जुदा
आज का इंसान हूँ, सबके दिलों से दूर हूँ

शेर इक सुनना नहीं बस करते रहना वाह वा!
शायरी की ऐसी हल्की महफ़िलों से दूर हूँ

मैं निरंतर चल रहा हूँ लेके शब्दों की मशाल
शायरी के धूल उड़ाते क़ाफ़िलों से दूर हूँ

नाव ख़ुद्दारी की चुन ली थी इसी कारण 'ऋषी'
शुहरतों के, दौलतों के साहिलों से दूर हूँ

44

तैयार अब गली-गली बाज़ार हो गये
चलते-चलाते लोग ख़रीदार हो गये

चार:गरी ने आपकी उलटा असर किया
खाकर दवा हम और भी बीमार हो गये

चेहरों पे कुछ है और दिलों में कुछ और ही
इंसान आजकल के अदाकार हो गये

हमले वो मेरे ज़ह्न पे ख़्वाहिश की फौज के
इक बार क्या हुए कि लगातार हो गये

अपनों के ऐब पहले छिपा लेते थे, मगर
घर के ही लोग अब तो समाचार हो गये

दुनिया में अब रमेंगे नहीं हम ये सोचकर
निकले ही थे कि आपके दीदार हो गये

माना 'ऋषि' जी ख़ूब हो लेकिन ग़ुरूर क्यों?
तुमसे भी अच्छे कितने ही फ़नकार हो गये

45

किसी के गाने को जब भी विलाप कहना पड़ा
किसी के पुण्य को जैसे कि पाप कहना पड़ा

मैं चाहता था न रिश्तों की गर्मियाँ हों कम
तभी तो बर्फ़ की ठंडक को ताप कहना पड़ा

जब उसका काम रहा उसको मैंने क्या न कहा
गरज़ पड़ी तो मुझे उसको बाप कहना पड़ा

वो भीड़ साथ लिये आये अलविदा कहने
दरअस्ल थी तो जुदाई, मिलाप कहना पड़ा

मेरी ज़बान को तहज़ीब की हिदायत थी
शरीफ़ क्या हैं, लफंगों को आप कहना पड़ा

मेरा ग़ुरूर उसी पल हुआ 'ऋषी' काफ़ूर
जब अपने बारे में ख़ुद अपने–आप कहना पड़ा

46

उससे बदतर किसी का हाल नहीं
फिर भी उसको कोई मलाल नहीं

उसको कैसे जवान ख़ून कहूँ?
जिसमें आता कभी उबाल नहीं

ऐसे शेरों पे दाद दूँ कैसे?
जिनमें होता नया ख़याल नहीं

उसने सब कुछ समझ लिया शायद
अब वो करता कोई सवाल नहीं

जाने कैसे वो जान लेता है
जबकि कहता मैं दिल का हाल नहीं

अपनी खोई ज़मीन ढूँढ़ें सब
यह किसानों का ही सवाल नहीं

झूठे धरनों का नृत्य रुक जाये
कोई पीछे से दे जो ताल नहीं

47

कोई भी शय ख़ुदी से तो जुदा होकर नहीं मिलती
ख़ुशी अंदर ही मिलती है कहीं बाहर नहीं मिलती

तेरी ही तरबियत में कुछ कमी शायद रही होगी
तेरी औलाद ही तुझसे अगर खुलकर नहीं मिलती

किसी को तो बिना कुछ भी किये मिल जाती है शुहरत
नहीं मिलती किसी को तो ये जीवनभर नहीं मिलती

बुज़ुर्गों के बताये ढंग से सींचा इसे होता
मुहब्बत की ज़मीं इस पीढ़ी को बंजर नहीं मिलती

मेरी सीरत पे यों संजीदगी का रंग है तारी
मेरी सूरत भी दर्पण से कभी हँसकर नहीं मिलती

तेरे बर्ताव तेरी सोच में कुछ गड़बड़ी तो है
तेरी करनी तेरी कथनी से गर अक्सर नहीं मिलती

वो मेरी शख़्सियत की ख़ामियाँ टन में बताते हैं
'ऋषी' जिनको मेरे फन में कमी तिलभर नहीं मिलती

48

अहसास की अगन में तपाकर निकाल लूँ
भट्टी से दिल की लफ़्ज़ों के ज़ेवर निकाल लूँ

अन्तस् में और गहरे उतर जाता है हुनर
जब सोचता हूँ मैं इसे बाहर निकाल लूँ

आई है मुश्किलों की बड़ी फ़ौज जंग को
दिल के क़िले से अज़्म का लश्कर निकाल लूँ

जीवन के प्रश्न पूछ रहा था जहान से
अब सोचता हूँ ख़ुद से ही उत्तर निकाल लूँ

सब खेत बिक चुके हैं मगर हूँ किसान ही
माटी से दिल के खेत की कुछ ज़र निकाल लूँ

बेशक बुरा हूँ यार, मगर पीठ देखकर
तुझ–सा तो मैं नहीं हूँ, कि खंजर निकाल लूँ

इक पल तो मेरे वास्ते रुक मेरे हमसफ़र!
जूते में जो घुसा है वो कंकर निकाल लूँ

49

दिखता है भरपूर तमाशा
जग का है दस्तूर तमाशा

दिल ख़ुश करता और कभी तो
करता है रंजूर तमाशा

नाम किया तुमने चिल्लाकर
हमने रक्खा दूर तमाशा

कर देता बदनाम कभी यह
करता है मशहूर तमाशा

कल दिखलाया दरपन उनको
होगा आज ज़रूर तमाशा

घर में रहके लड़ सकते थे
तुमको था मंजूर तमाशा

लोकतंत्र के चौराहे पर
जारी बादस्तूर तमाशा

50

लब पर नेक गुज़ारिश रखना
क़ाबू में हर ख़्वाहिश रखना

चैन-सुकूँ ग़ायब कर देगा
इससे-उससे रंजिश रखना

आज मिली बेशक नाकामी
लेकिन जारी कोशिश रखना

संयम-सीमा टूट न जाये
सोच-समझकर बंदिश रखना

मिल पाओ या मिल नहीं पाओ
हाँ मिलने की ख़्वाहिश रखना

दोस्त! तुझे ही भस्म न कर दे
हरदम लब पर आतिश रखना

माना रिश्ता प्यार भरा है
अनबन की गुंजाइश रखना

51

यों अपना बँटवारा कर लूँ
ख़ुद को सबका हिस्सा कर लूँ

जाना है साक़ी के दर पर
ख़ुद को और भी प्यासा कर लूँ

चाह रही है दुनिया कब से
ख़ुद को उसके जैसा कर लूँ

नाजाइज़ ख़्वाहिश के हाथों
कैसे ख़ुद को रुस्वा कर लूँ

बोझ गुनाहों का हो हल्का
काम कोई तो अच्छा कर लूँ

इक चालाकी कर लूँ मैं भी
खोटा सिक्का चलता कर लूँ

दिल करता है एक ग़ज़ल में
मत्ले को ही मक़्ता कर लूँ

52

कौन आया इस ओर अचानक
बंद हुआ है शोर अचानक

छाये घटा घनघोर अचानक
धूप खिले पुरज़ोर अचानक

कुछ तो है जो हुआ है चुप यों
वह मुँहफट, मुँहज़ोर अचानक

आए थे अपने ही लड़ने
मैं ही पड़ा कमज़ोर अचानक

स्वार्थ के तलवे चाट रहे थे
बन बैठे सिरमौर अचानक

कौन आया जो बदल गये हैं
बज़्म के तेरी तौर अचानक

कहना था कुछ और मगर वे
कहने लगे कुछ और अचानक

53

अमीर हैं तो दिखावा न कीजिये साहिब!
हमारे जैसों को रुस्वा न कीजिये साहिब!

ये कर्ज़दार है इसकी भी है मगर इज़्ज़त
गली से ऐसे तक़ाज़ा न कीजिये साहिब!

पुराने झगड़े नहीं ख़त्म करने हैं, न करें
नया विवाद तो पैदा न कीजिये साहिब!

दिखाने के लिये अपनी लकीर को लंबा
मेरी लकीर को छोटा न कीजिये साहिब!

कभी तो ज़ात के दरिया में डूबकर देखें
किनारे से ही नज़ारा न कीजिये साहिब!

इसे तो दिल की ख़दानों में दफ़्न रहने दें
हसद का संग तराशा न कीजिये साहिब!

'ऋषि' की बात निकलती है छोटे मुँह से भले
बिना सुने उसे काटा न कीजिये साहिब!

54

लाभ क्या हो ऐसों के उपचार से
पूछते हों जो दवा बीमार से

रंग-रोग़न से बचेगा कब तलक
हिल गया हो जो भवन आधार से

होता है बेहतर सिमटना भी कभी
बचके रहना बेवजह विस्तार से

नित नये अंदाज़ में छपता है झूठ
सच तो ग़ायब हो गया अख़बार से

उनके आँगन तक में जाना है मना
मेरे घर आते हैं जो अधिकार से

फ़िल्म हो, साहित्य हो, घर-बार हो
बच नहीं पाया कोई बाज़ार से

उनके तीखे व्यंग्य के हर वार को
हमने काटा मौन की तलवार से

55

घड़ी-घड़ी में नज़ारा बदलता रहता है
हरेक युग में ज़माना बदलता रहता है

तमाशबीन बदलते हैं तो लुभाने को
मदारियों का तमाशा बदलता रहता है

कभी-कभार जो बदले तो कुछ यकीं भी करूँ
मगर तू दोस्त हमेशा बदलता रहता है

हरेक युग में रहे द्रोपदी, दुशासन भी
बस उनका नाम ज़रा-सा बदलता रहता है

ये भेड़िया है कि है गिद्ध कौन पहचाने
शिकार हेतु मुखौटा बदलता रहता है

सियाह करके तू पन्ने न ख़ुद को मान अमर
यहाँ शिलाओं पे लिक्खा बदलता रहता है

'ऋषी' मिलेगी भला किस तरह उसे मंज़िल
जो शख़्स रोज़ इरादा बदलता रहता है

56

ग़ैरत से मुझको जोड़ के अच्छा ही कर दिया
हाथ अपना यों सिकोड़ के अच्छा ही कर दिया

रिश्ते बहाल हो गये फिर से हमारे बीच
बातों के छोर जोड़ के अच्छा ही कर दिया

ढूँढ़ेंगे अब ग़ज़ल के लिये हम नयी ज़मीन
चिन्तन-दिशा को मोड़ के अच्छा ही कर दिया

महसूस बेघरों का हुआ दर्द अब मुझे
घर मेरा तूने तोड़ के अच्छा ही कर दिया

जिसको दिखाई दे रहे थे दूसरों के ऐब
ऐसी नज़र को फोड़ के अच्छा ही कर दिया

अब कर सकेंगे हम भी परख अपने अज़्म की
तुमने भँवर में छोड़ के अच्छा ही कर दिया

हैवानियत तुम्हारी सरे आम तो हुई
मेरा लहू निचोड़ के अच्छा ही कर दिया

57

दिलकश अदा से कहते हैं क़िस्से कमाल के
सच्चों पे भारी पड़ते हैं झूठे कमाल के

खाते न बन रहा है जिन्हें और न छोड़ते
वादों के लड्डू तुमने परोसे कमाल के

इंसान गुम हैं, दिखती हैं परछाइंयाँ फ़क़त
आए नगर–नगर में उजाले कमाल के

बस पाँच साल में करें पुश्तों का इन्तज़ाम
जो भी हों आपके हैं ये धन्धे कमाल के

मंचों पे चुटकुले नहीं अब होगी शायरी,
क्या छोड़ते हैं आप शिगुफ़े कमाल के

क़द को मेरे घटाने की कोशिश में आजकल,
करतब दिखाने लग गए बौने कमाल के

हर कोई हो गया है सियासत में पाक–साफ़
तुम देखते हो ऐ 'ऋषि' सपने कमाल के

58

बैठे-बिठाए अपनी तबीयत से ठन गई
यह क्या हुआ कि आज मुहब्बत से ठन गई

फूलों का लुत्फ़ ठीक से हम ले नहीं सके
ख़ुश्बू से ठन गई कभी रंगत से ठन गई

इंसानियत की राह पे इक बार क्या चले
हर एक उल्टी-सीधी रिवायत से ठन गई

ऐसे भी वाक़ियात हुए हैं किसी के साथ
बनने चले शरीफ़, शराफ़त से ठन गई

कँगना ही उसके हाथ का हथियार बन गया
सच के लिए, जब उसकी, हुकूमत से ठन गई

उसकी बुलंदियों की डगर होती है कठिन
जिसकी, जम्हूरियत में सियासत से ठन गई

अक्सर 'ऋषी' हुआ है मेरी ज़िन्दगी के साथ
ख़्वाबों के सिलसिले में हक़ीक़त से ठन गई

59

दर्द संसार का रग-रग में उभर आता है
सिर्फ़ हस्सास को कविता का हुनर आता है

कोई मंज़र जो हसीं मुझको नज़र आता है
आपका चेहरा निगाहों में उभर आता है

देखता हूँ किसी मासूम पे दुनिया के सितम
ख़ून आँखों में उसी वक़्त उतर आता है

ज़ात के दरिया में पड़ता है उतरना गहरे
तब कहीं हाथ में लफ़्ज़ों का गुहर आता है

ऐसा होता है बहुत कम कि अकेला आए
वरना ऐबों को लिए साथ में ज़र आता है

माज़रा क्या है सियासत! ये तेरी गलियों में
जो भी जाता है वही ख़ून में तर आता है

उसको आ जाता है जीने का सलीक़ा फ़ौरन,
जब किसी को 'ऋषी' मरने का हुनर आता है

60

मैं किसकी ख़ातिर ज़िन्दा हूँ,मेरी छोड़ो अपनी कहो
हाँ अब भी उस पर मरता हूँ, मेरी छोड़ो अपनी कहो

खुशियों के बच्चे दौड़े जाते हैं जिस पर इधर-उधर
धूल भरा वो ही रस्ता हूँ, मेरी छोड़ो अपनी कहो

बहुत क़ीमती हूँ मैं लेकिन प्यार से कोई ख़रीदे तो
मोल बिना ही बिक जाता हूँ, मेरी छोड़ो अपनी कहो

मुक्त गगन को छोड़-छाड़कर दाना-पानी की ख़्वाहिश
मैं ख़ुद ही अपना पिंजरा हूँ, मेरी छोड़ो अपनी कहो

ख़ूब तरक्की कर ली सबने दुनिया कितनी बदल गई
मैं तो वैसे का वैसा हूँ, मेरी छोड़ो अपनी कहो

मामूली-सा ज्ञान नहीं है, दुनियादारी में चौपट
फिर भी नाम 'ऋषी' रक्खा है, मेरी छोड़ो अपनी कहो

61

वचन जिसने भी तोड़ा कब उसे बख़्शा है लोगों ने
मगर ख़ुद के वचन को चाहा जब तोड़ा है लोगों ने

कभी गर्दिश में जिस इंसान को लोगों ने ठुकराया
बुलंदी मिल गई तो फिर उसे पूजा है लोगों ने

नई तहज़ीब से वो रूबरू हो ही नहीं पाते
पुराने तर्ज़ को कुछ इस तरह पकड़ा है लोगों ने

सवाल उससे किया है जो डटा है फ़र्ज़ पर अपने
कभी ख़ुद से सवाल इक भी नहीं पूछा है लोगों ने

ज़माने ने तेरी बातों को बदला है तो रोना क्या
ख़ुद अपने ही कहे को बारहा पलटा है लोगों ने

नया कहने की सोचूँ तो ख़याल आता है यह अक्सर
सभी तो कह दिया कहने को क्या छोड़ा है लोगों ने

क़सीदे शान में उसकी पढ़े जाते हैं बाद उसके
मगर जीते-जी शायर को कहाँ समझा है लोगों ने

62

न और इसके जी को जला ओ रे सावन!
तुझे आँसुओं में डुबो देगी बिरहन

है आँसू की टप-टप है बूँदों की झन-झन
नहीं बजते हैं सिर्फ़ बिरहन के कंगन

करोगे अगर प्रेम तो जान लोगे
करें मुक्त ऐसे भी होते हैं बंधन

वहाँ मुँह छिपाने की होगी कवायद
जहाँ घूरता हो शिकायत का दर्पन

न घर अपने जाएँ ग़मों के ये बच्चे
इन्हें भा गया मेरा घर, मेरा आँगन

बहारों की नज़रों से गिरना था उसको
लड़ा बैठा आँखें खिज़ाँ से जो गुलशन

सयाने हो तुम क्यों ग़ज़ल मेरी सुनते
तुम्हें सुननी है सिर्फ़ सिक्कों की खन-खन

63

मिटने वाला तो ज़बां पर मिट गया
मुँह तेरा लेकिन नहीं सीधा हुआ

आसमां सर पर उठा रक्खा तो है
पूछिए तो कुछ नहीं है मुद्दआ

कद्र मंज़िल की करेगा वह ज़रूर
ख़ुद बनाया जिसने अपना रास्ता

बढ़ती आबादी निगल जाएगी सब
जो न रोका इस बला का सिलसिला

सिर्फ़ सच था पेश करने के लिए
मेरे हक़ में कैसे होता .फ़ैसला

हैं बड़े उस्ताद शागिर्द आज के
देते हैं उस्ताद को ही मश्वरा

पाँव नाज़ुक हैं तुम्हारे रहने दो
मेरे घर का रास्ता है खुरदरा

64

त्याग वही है, प्यार वही है
और जीवन का सार वही है

जो पाया कर्तव्य निभाकर
तेरा बस अधिकार वही है

वक़्त पलटते ही सब पलटा
मैं हूँ वही, संसार वही है

बंद आँखों से होता है जो
सच पूछो दीदार वही है

युग बीते, मानव-मानव के
बीच खड़ी दीवार वही है

अब भी मिलते गाली देकर
यारों का सत्कार वही है

हो तो गया है क़लम पुराना
पर, ज़ालिम की धार वही है

65

ग़ज़ल की बात करें, फ़िक्रो-फ़न की बात करें
जहानभर की कभी अपने मन की बात करें

जहाँ सुख़न था जहाँ थीं अदब की चर्चाएँ
उजड़ चुकी है जो उस अंजुमन की बात करें

अज़ीम अपनी रिवायत के रूबरू हो लें
हवन की बात करें आचमन की बात करें

मुहब्बतों की फ़ुहारों का ज़िक्र करना तुम
भले वो ज़ह्र की, डर की, अगन की बात करें

बदलते वक्त के बारे में कहना है मुझको
ज़रूर आप हसीं बाँकपन की बात करें

उठाए फिरता है सर पर जो आपको दिन-रात
कभी-कभार तो उस आमजन की बात करें

पनप रहे हैं जहाँ नफ़रतों के नाग 'ऋषी'
ज़रा उस अपने चमन की, वतन की बात करें

66

ज़िन्दगी तेरा ऐतबार नहीं
कैसे कह दूँ कि तुझसे प्यार नहीं

बन्द रखता हूँ दिल के द्वार नहीं
है किसी का भी इन्तज़ार नहीं

क्या दिया क्या मिला हिसाब न रख
दोस्ती है ये कारोबार नहीं

दे के अक्सर मैं भूल जाता हूँ
ख़ुद पे रखता कोई उधार नहीं

मेरी इज़्ज़त छिपा न पाए जो
दामन इतना भी तार-तार नहीं

ज़िन्दगी बेमज़ा-सी गुज़रेगी
कोई धुन सर पे गर सवार नहीं

उसकी ग़ज़लों में ख़ाक होगा असर
शब्द ही जिसके धारदार नहीं

67

बरसात में टपकना वो छत का याद आए
बचपन का वह ज़माना कैसे कोई भुलाए

धरती की प्यास हरने बादल जो घिरके आए
कोंपल नई उगी हैं, जीवन ने गीत गाए

काँधे हवा के चढ़कर, मौसम के दिल पे छाए
बादल हैं या किसी की ज़ुल्फ़ों के हैं ये साए

करते हैं तेरा स्वागत, ऐ बारिशों की रानी!
कुछ ग़म नहीं पुराना गर घाव खुल भी जाए

आएगी बाढ़, हमने तालाब पाट डाले
बारिश का पानी आख़िर सर किस जगह छिपाए

मजबूर कोई होगा जो झूमता न होगा
रिमझिम की ताल पर जब बरसात गुनगुनाए

बादल के अश्क दिल के पन्ने न गीले कर दें
यादों की पुस्तकें झट अन्दर सहेज लाए

68

आपने आवाज़ दी है किसलिए?
राह मेरी रोक ली है किसलिए?

उलझनों में ज़िन्दगी है किसलिए?
व्यर्थ की रस्साकसी है किसलिए?

ख़ुद के दिल पर क्या नहीं शासन तेरा
दर्द की दादागिरी है किसलिए?

मुद्दआ कोई नहीं है हाथ में,
जिसको देखो मुद्दई है किसलिए?

जिसके आगे दुश्मनी पानी भरे,
उसको कहता दोस्ती है किसलिए?

ख़ुद लुटे तो छत से चिल्लाए जनाब
अब दही मुँह में जमी है किसलिए?

सूर्य का ढलना भी गरिमापूर्ण है
शाम वरना सुरमई है किसलिए?

69

माता-पिता को करती हैं मशहूर बेटियाँ
बेटों से बढ़के होती हैं भरपूर बेटियाँ

माँ-बाप के घरों से भले दूर जा बसें
होतीं न उनके दिल से कभी दूर बेटियाँ

माँ-बाप की मुसीबतों से आँख फेर लें
इतनी कभी न होती हैं मग़रूर बेटियाँ

रौशन हों जिससे एक नहीं दो-दो ख़ानदान
क़ुदरत से लेके आती हैं वह नूर बेटियाँ

इनसे बड़ा दहेज तुम्हें और क्या वो दें
दे दीं जिन्होंने ज़िन्दगी का नूर बेटियाँ

माँ-बाप के सरों को झुका दें जो शर्म से
बेटे न ऐसे और न मंज़ूर बेटियाँ

70

यों है बढ़ती उम्र में कायम जवानी का भरम
तपते रेगिस्तान में हो जैसे पानी का भरम

आज तक हम भी तेरे झूठे फ़सानों में हैं गुम
और अब तक है तुझे भी हक़बयानी का भरम

होंठ हँसने ही लगे थे ग़म छुपाने के लिए
तोड़ डाला आँसुओं ने शादमानी का भरम

हुकमरानी तुझको आए या न आए हुक्मरान!
ज़ह्न में तेरे रहेगा हुक्मरानी का भरम

सच तेरी बातों में कितना है, हमें मालूम था
जी गये ख़ुश होके तेरी ख़ुशबयानी का भरम

ख़ुद के अन्दर से ही आती थी कोई आवाज़-सी
पर हमें होता रहा आकाशवाणी का भरम

चार गुल बचपन में हमने क्या खिलाए ऐ 'ऋषी'!
आज तक पाले हुए हैं बाग़बानी का भरम

71

मक्कार सियासत की बस इतनी कहानी है
है फ्रेम नया लेकिन तस्वीर पुरानी है

इस वक्त के दरिया की हर मौज ही फ़ानी है
दो रोज़ की हलचल है दो दिन की रवानी है

दोनों ही की बातों से ग़ायब है समझदारी
कहने को ये आलिम है और वो बड़ा ज्ञानी है

बेशक तू दिखाता है हाँ! रौब अमीरी का
लेकिन ये तेरी ज़हनी ग़ुर्बत की निशानी है

मिलने नहीं देती है भाई को जो भाई से
आँगन में उठी हर वह दीवार गिरानी है

रह-रह के उभरती है लोगों की ज़बानों पर
कुछ तेरी कहानी है कुछ मेरी कहानी है

72

वतन पर आ पड़ी तो शब्दों में अंगार देखेंगे
ग़ज़ल के हाथ में बलिदान की तलवार देखेंगे

सितम चुपचाप सहना भी सितम ही है, भला कब तक
हम अपने-आप पर होते ये अत्याचार देखेंगे

कोई तो इन्तिहा होगी वतन के सब्र की आख़िर
खुले आज़ाद कब तक घूमते ग़द्दार देखेंगे

मेरी गर्दन कटेगी या रहेगी दोस्ती ज़िन्दा
तुम्हारे हाथ में देकर कभी तलवार देखेंगे

ये ज़ालिम हैं बड़े शातिर, जो ख़ुद मज़लूम दिखते हैं
भला हम लोग कब मक्कारियों के पार देखेंगे

वतन जलता है जल जाए,वतन से क्या उन्हें मतलब
उन्हें फ़ुर्सत नहीं है, वे तो बस घर-बार देखेंगे

खिज़ाँ का दौर है माना, 'ऋषी' उम्मीद है लेकिन
मुहब्बत के चमन को एक दिन गुलज़ार देखेंगे

73

हमने बाँटा प्यार निरंतर
तुमने की तकरार निरंतर

जीना तो दुश्वार हुआ है
मरने के आसार निरंतर

आपस के झगड़ों के चलते
पाई हमने हार निरंतर

घाटे में डूबा जाता है
दिल का कारोबार निरंतर

देशप्रेम की आवाज़ें गुम
मुखरित हैं ग़द्दार निरंतर

प्रेम–औषध से घृणा–रोग का
करना है उपचार निरंतर

पड़ जाएगी कुंद लेखनी
देते रहना धार निरंतर

74

कभी इनकार की होली कभी इकरार की होली
हमें रंगीन रखती है किसी के प्यार की होली

मेरे छोटे-से आँगन में खिले जो प्यार की होली
नहीं उसके बराबर कोई भी संसार की होली

न होने दीजिए बेरंग अपने प्यार की होली
भले हो जाती है फ़ीकी कभी व्यापार की होली

यहाँ कर्तव्य की हल्दी का टीका कौन लगवाए
सभी बस चाहते हैं खेलना अधिकार की होली

मनेगा जश्न उस दिन जीत के रंगों से होली का
जलेगी जब वतन के दुश्मनों की हार की होली

पुराने रंग लेकर आ गए हैं आप क्यों साहब ?
नये रंगों से खिलती है मेरे घर बार की होली

कई होली गईं सूखी मगर उम्मीद है अब भी
मनाएँगे 'ऋषि' इक दिन तेरे दीदार की होली।

75

हम सबके हैं पर उनके तरफ़दार नहीं है
जो अपने वतन ही के परस्तार नहीं हैं

जिन लोगों का अस्तित्व ही ख़तरे में पड़ा है
अफ़सोस समझने को भी तैयार नहीं हैं

हमको भी शराफ़त का चलन छोड़ना होगा?
उनके तो सुधरने के कुछ आसार नहीं हैं

जन्नत से भगाए गए शैतानों के हाथों
पंडित वहाँ रहने के भी हक़दार नहीं हैं

हम मानते हैं होते हैं सब धर्म बराबर
सब ऐसे ख़यालों के ख़रीदार नहीं हैं

ताली के लिए मुल्क को गाली भी निकालें
शाइर नहीं हम ऐसे अदाकार नहीं हैं

हिंसा का उन्हें रोग है नफ़रत है दिलों में
बेशक़ 'ऋषी' दिखने में वे बीमार नहीं हैं

76

माना केसरिया बाना नहीं पहना है
बलिदानों का किस्सा मुझको कहना है

रहता हूँ ख़ामोश तभी कुछ कहता हूँ
जब लगता है आवश्यक अब कहना है

भटकी धारा के विपरीत चलोगे या
सिर्फ़ बहावों में ही तुमको बहना है

भाड़ में जाए अभिव्यक्ति की आज़ादी
कब तक ग़द्दारों की बातें सहना है

वोटों की ख़ातिर लोगों के बीच खड़ीं
एक दिवस इन दीवारों को ढहना है

किस आभूषण से ललचाओगे उसको
हाथ में जिसके क़लम का अनुपम गहना है

77

अगर माली ने अपने ख़ून से सींचा नहीं होता
चमन में एक भी गुल एक भी बूटा नहीं होता

अगर होता नहीं विश्वास मुझको वह मना लेगी
मैं अपनी ज़िन्दगी से बारहा रूठा नहीं होता

न आया कत्ल करने बन गया इंसान तू शायद
सुना ये था तेरा वादा कभी झूठा नहीं होता

उबल कुछ तो रहा होगा तेरे दिल में मुझे लेकर
नहीं तो मुझपे यों ग़ुस्सा तेरा फूटा नहीं होता

मैं हूँ दर्पण वो है पत्थर अगर अहसास भी होता
भले मैं टूटता पर इस तरह टूटा नहीं होता

पसीना आ गया होगा, पकड़ ढीली हुई होगी
वगरना मुझसे दामन सब्र का छूटा नहीं होता

बुढ़ापे तक समझ पाता नहीं, है ज़िन्दगी क्या शै
मुझे बचपन में गर हालात ने कूटा नहीं होता

78

गीला रखा था माँ ने यों अपने को रातभर
नींद आए जिससे चैन की बच्चे को रातभर

तुमने जिसे अदा से किया पेश बज़्म में
दुहराता मैं रहा उसी क़िस्से को रातभर

जिसमें तुम्हारा ज़िक्र था ऐ यार दिलनवाज़!
उठ-उठके पढ़ लिया उसी मिसरे को रातभर

इक बार आके फिर नहीं आया निगाह में
अब सोचते हैं हम उसी सपने को रातभर

माँगा हिसाब जब किसी बेटे ने बाप से
आई न नींद फिर किसी बूढ़े को रातभर

हम पर लगाके तुहमतें झूठी वो सो गए
और हम रहे सँभालते ग़ुस्से को रातभर

जिस दिन किसी के काम नहीं आ सके 'ऋषी'
कोसा किए वो अपने ही होने को रातभर

79

खो गई जब मेरी रौशनी
दे गई तीरगी रौशनी

उसको सब दिख गया जिसने भी
मन के दीपक से की रौशनी

इसकी कीमत न समझेंगे वे
मुफ़्त जिनको मिली रौशनी

आपके आने से मेरे घर
नूर बरसा, हुई रौशनी

आँखें चुंधिया गई हैं मेरी
है ग़ज़ब आपकी रौशनी

मेरी ग़ज़लों में महसूस कर
लफ़्ज़ों से झाँकती रौशनी

80

है मेरा घर तेरी निगाहों में
क्यों रहे डर तेरी निगाहों में ?

जो समुन्दर को कहता है गहरा
देखे आकर तेरी निगाहों में

ज़िक्र ख़ुद का, जहान के सपने
हैं सुख़नवर तेरी निगाहों में

ख़्वाब, जुगनू, सितारे चमके हैं
एक होकर तेरी निगाहों में

तू है ख़ामोश, मिल गया लेकिन
मुझको उत्तर तेरी निगाहों में

ख़्वाब के महलों को बना के गया
कौन खंडहर तेरी निगाहों में ?

तू जिसे देखले तेरा हो जाय
जादू-मन्तर तेरी निगाहों में

81

मेरी फ़ितरत पे ग़ालिब तेरी आदत हो नहीं सकती
तेरी नफ़रत के बदले मुझको नफ़रत हो नहीं सकती

तुम्हारी तेग़ की, तलवार की होती है चर्चाएँ
कभी क्या बात मेरे सर की बाबत हो नहीं सकती?

हमेशा इसकी या उसकी हमें दरकार ही क्यों हो
ख़ुद अपने-आपसे क्या जी मुहब्बत हो नहीं सकती?

लिये फिरता है जो पहलू में ग़म सारे ज़माने के
ये सारी दुनिया भी उस दिल की क़ीमत हो नहीं सकती

न ख़ुद को बेच पाते हो न अपनी शाइरी को तुम
'ऋषी' तुम जैसों के हिस्से में शुहरत हो नहीं सकती

82

भुला सकता हूँ कैसे उम्रभर रहमो-करम उसके
बहुत प्यारी ख़ुशी उसकी, बहुत प्यारे हैं ग़म उसके

खपा डाला, मिटा डाला उसी के नाम पर जीवन
मगर हो ही नहीं पाए किसी सूरत भी हम उसके

अगर कुछ भी नहीं बाक़ी बचा रिश्ते में तो, अक्सर
ठिठक जाते हैं मेरे घर के आगे क्यों क़दम उसके

भरोसा भी है कोई चीज़ समझाए उसे कोई
कहीं का भी न छोड़ेंगे गुमाँ उसके भरम उसके

बजाहिर उसके चेहरे पर बड़ा पथरीला मौसम था
करीब आया तो जाना आँख के थे कोर नम उसके

मुख़ालिफ़ उसके बोले कौन ? लिक्खे कौन ? महफ़िल में
हुईं आवाज़ें सब उसकी, हुए हैं सब क़लम उसके

किसी दिन सामना होगा 'ऋषी' उसका हक़ीक़त से
मुझे उम्मीद है टूटेंगे उस दिन सब भरम उसके

83

आँसुओं का हिसाब क्या रखना
याद हर इक अज़ाब क्या रखना

ज़ह्न नाकामियों के ख़ौफ़ में हो
ख़ुद को यों कामयाब क्या रखना

मैं खुली आँख देखता हूँ ख़्वाब
बन्द आँखों में ख़्वाब क्या रखना

अच्छी यादें सँभालकर रखिए
हादिसों की किताब क्या रखना

कुछ सवालों को रहने दीजे सवाल
हर किसी का जवाब क्या रखना

दिल के साग़र में भरके रखता हूँ
बोतलों में शराब क्या रखना

पार जिसके 'ऋषी' दिखे चेहरा
रुख़ पे ऐसा नक़ाब क्या रखना

84

मेरी नज़रों ने दिया धोखा मुझे
और तूने भी किया रुसवा मुझे

हर घड़ी ऐ ज़िन्दगी परखा मुझे
दे कभी तो जीने का मौक़ा मुझे

जुड़ न पाया ज़िन्दगीभर मैं कभी
उसने इस अन्दाज़ से तोड़ा मुझे

अच्छे-अच्छों को भुलाकर रख दिया
याद क्या रक्खेगी यह दुनिया मुझे

लोगों के पत्थर थे मुझपर बेअसर
फूल तेरा मारना अखरा मुझे

कर गई लज़्ज़त गुनाहों की ख़राब
ज़ह्न ने वैसे बहुत रोका मुझे

वह न बदलेगा मुझे विश्वास था
वह न साबित कर सका झूठा मुझे

85

टूटा है विश्वास दुबारा लगता है
दिल मेरा फिर पारा-पारा लगता है

कोने में चुपचाप निरखता है सबको
बेशक कोई वक्त का मारा लगता है

मात दी मुझको धोखे से, हाँ इसीलिए
जीत के भी तू हारा-हारा लगता है

दुनिया में है अजब बुलन्दी का जादू
कल ज़र्रा था आज सितारा लगता है

बिन कारण क्यों आँखें भर-भर आती हैं
मुश्किल में कोई यार हमारा लगता है

लौट रही हैं खुशियाँ सब आते-आते
गर्दिश में क़िस्मत का तारा लगता है

चलते-चलते उखड़ रहे हैं पाँव 'ऋषी'
तेज़ बहुत जीवन का धारा लगता है

86

अब तो है मज़लूम की थाती ग़ज़ल
थी कभी धनवान की बाँदी ग़ज़ल

लगता है अरसा कभी तो कहने में
और कभी चुटकी में हो जाती ग़ज़ल

रूह को तस्कीन देती है ज़रूर
आग भी नस-नस में भर देती ग़ज़ल

मेरे पढ़ते ही ख़फा वो हो गए
जाने किस अन्दाज़ से सुन ली ग़ज़ल!

थी कभी बेबह्र भी लेकिन हमें
ज़िन्दगी! अच्छी लगी तेरी ग़ज़ल

शाइरी की बज़्म से आने के बाद
दिल के आँगन में रही महकी ग़ज़ल

बात भी हो शाइराना लफ़्ज़ भी
तब कहीं जाकर 'ऋषी' होगी ग़ज़ल

87

हरिक सर को जो मिल जाए तेरा दर हो नहीं सकता
हरिक दर पर जो झुक जाए मेरा सर हो नहीं सकता

ज़रूरतमंद ख़ाली हाथ जाता है कोई शायद
ये कुछ भी हो मेरे महबूब का दर हो नहीं सकता

इसे दिल में सजा लो याद के गुलदान में रख लो
हमेशा आँख के आगे ये मंज़र हो नहीं सकता

सुख़न के नाम पर जो बज़्म में सबको करे रुस्वा
बड़ा होगा, मगर सच्चा सुख़नवर हो नहीं सकता

मुहब्बत, भाईचारा, आपसी विश्वास भी तो हो
फ़क़त ईंटों से ही कोई मकां घर हो नहीं सकता

हमेशा बेख़बर दुश्मन से तुम भी हो नहीं सकते
हमेशा हाथ में उसके भी खंजर हो नहीं सकता

अजब है दिल मेरा करता है सीना ठोककर दावा
'मेरे रहते कोई ग़म जग में बेघर हो नहीं सकता'

88

इन आँसुओं से बग़ावत करें तो कैसे करें
ख़ुशी-ख़ुशी तुम्हें रुख़सत करें तो कैसे करें

कमाया कुछ भी नहीं दिल की दौलतों के सिवा
किसी के नाम वसीयत करें तो कैसे करें

मुहब्बतों के सिवा कुछ नहीं हमें आता
तो दुश्मनों से भी नफ़रत करें तो कैसे करें

मचलते रहते हैं बस बाँटने को हाथ अपने
इकट्ठा झोली में दौलत करें तो कैसे करें

मुहब्बतों के इवज़ जान है हथेली पर
अब उनको पेश ये रिश्वत करें तो कैसे करें

पड़ी हैं आदतें बस माँगते ही रहने की
बिना सवाल इबादत करें तो कैसे करें

हमारे पास कोई नाम है न रुतबा है
'ऋषी' हमारी वो इज़्ज़त करें तो कैसे करें

89

उजली-उजली भोर आई है मलते आँखें अलसाई
दूर हटाकर रात की चादर ली किरणों ने अँगड़ाई

देर तलक सोनेवालों से और नींदों के मारों से
चीं-चीं करती चिड़ियाँ बोलीं आँखें खोलो रे भाई!

डोली बैठी दुलहन जैसी सकुचाई शर्माई-सी
पुलकित हैं कलियाँ सुनकर भँवरे की गुनगुन शहनाई

किसको न करेगा मतवाला यह ऋतुओं का मदिरालय
नीम के फूलों की ख़ुश्बू,आमों की फ़स्लें बौराई

कीकर की फलियाँ पायल-सी करतीं रुनझुन आवाज़ें
छेड़ रही है इठलाकर रुकती-चलती जब पुरवाई

बाद में जीवन के रंगों से सूरज ने खेली होली
पहले क्षितिज ने सूरज से गालों पर लाली लगवाई

दौड़ें-खेलें श्वान इधर तो बोलें कोयल, मोर उधर
तपते दिन से पहले भोर आई है लेकर ठंडाई

90

कभी तो ख़्वाब के साये में हम उछल के चले
हक़ीक़तों की तपिश में कभी पिघल के चले

ख़याल उनका जब आया तो दिल की महफ़िल में
तमाम रात कई दौर फिर ग़ज़ल के चले

वो ग़म अज़ीज़ रहे जो मिले अज़ीज़ों से
मेरी नज़र से वही आँसुओं में ढल के चले

हुआ ज़रूर वहीं ज़िक्र झोंपड़ों का भी
जहाँ पे क़िस्से हवेली के और महल के चले

जहाँ से लौटा कोई भी कभी न ख़ाली हाथ
नसीब अपना, वहाँ से भी हाथ मल के चले

हम उसकी पैनी निगाहों से बच नहीं पाए
नज़र बचा के चले चेहरा भी बदल के चले

जिन्हें बसाने में मैंने खपा दिया जीवन
वही जहान को मेरे उथल-पुथल के चले

91

मैं वासी हिंद का, हिंदी हूँ, मेरी शान है हिंदी
किसी की होगी यह भाषा, मेरी तो जान है हिंदी

हिमाचल, उत्तराखंड और राजस्थान है हिंदी
कहाँ तक नाम गिनवाऊँ कि हिंदुस्तान है हिंदी

सभी धर्मों, सभी फिरकों ने अपनाया इसे दिल से
कहीं मीरा, कहीं खुसरो, कहीं रसखान है हिंदी

निराला, सूर, तुलसी, गुप्त, नीरज, पंत और बच्चन
कई ऐसे ही पुष्पों से सजा उद्यान है हिंदी

न केवल होती है सम्पर्क का माध्यम कोई भाषा
हमारे देश की पहचान और सम्मान है हिंदी

जहाँ तकनीकी विषयों में भी बढ़ती जा रही है ये
वहीं जज़्बात के इज़हार में धनवान है हिंदी

जहाँ गुजराती, पंजाबी सभी का मान होता है
वही आँगन वही चौपाल वह दालान है हिंदी

92

अपने बड़ों के चरणों को श्रद्धा के कर से छू
इनको समाज के न ज़माने के डर से छू

गर ख़्वाब को बदलना हक़ीक़त में है तुझे
ख़्वाहिश के आसमान को कोशिश के पर से छू

सर तो झुकाना ठीक है लेकिन कभी-कभी
दिल कह रहा है यार की चौखट को सर से छू

औरों के काँधे चढ़ के भी मिल जाती है मगर
शुहरत की तू बुलन्दी को ख़ुद के हुनर से छू

है नाज़नीन, ज़ोहराजबीं की तो बात क्या
फूलों को भी तू ऐ 'ऋषि' केवल नज़र से छू

93

ऐसा नहीं कि मुझको कोई जुस्तजू नहीं
ख़्वाहिश हरेक पूरी हो यह आरज़ू नहीं

आमाल अच्छे हों तो निखर जाता है बशर
बातें बनाके होता कोई सुर्ख़रू नहीं

महफ़िल में तेरी आने से डरने लगे ग़रीब
करते किसी को ऐसे भी बेआबरू नहीं

हमने सिये हैं चाक गिरेबां जहान के
लेकिन हमारे ज़ख़्म ही अब तक रफ़ू नहीं

बहने को जो मचलता नहीं देश के लिए
ऐसे लहू को मानते हैं हम लहू नहीं

दिलवालों के जहान में मक़बूल हम भी हैं
होता हमारा ज़िक्र भले कू-ब-कू नहीं

उतरी अगर ये एक भी दिल में तो हो गया
मेरी ग़ज़ल को शुहरतों की आरज़ू नहीं

94

उसको तू अपना दोस्त समझता ज़रूर है
मग़रूर है अना के नशे में वो चूर है

जब आदमी को लगने लगे जीना ही फ़िज़ूल
जीवन में ऐसा वक़्त भी आता ज़रूर है

दरअस्ल वो ही वो है फ़क़त और कुछ नहीं
दुनिया तमाम सिर्फ़ दिमाग़ी फ़ितूर है

दो-चार शेर उसके पढ़ें तो पता चले
उसको है कितना इल्म व कितना शऊर है

जाते ही जिसके ख़त्म हैं जीवन के वलवले
अन्दर कोई तो ऐसा भी रहता ज़रूर है

बेशक वो कामयाबी की मंज़िल को पा गया
इनसानियत के गाँव से पर कोसों दूर है

शेरो-सुख़न की रूह से वाक़िफ़ नहीं है वो
हाँ उसकी शाइरी में तमाशा ज़रूर है

95

तुम मुहब्बत सँभालकर रखना
दिल की दौलत सँभालकर रखना

वो अदावत करें मगर ऐ दिल
तू रिफ़ाक़त सँभालकर रखना

मुफ़्त मिलती है जो बुज़ुर्गों से
वह नसीहत सँभालकर रखना

माना झूठों का बोलबाला है
तुम सदाकत सँभालकर रखना

शर्म थोड़ी तो अपने दामन में
ऐ सियासत! सँभालकर रखना

अपनी गुरबत सँभाल लेंगे हम
तुम हुकूमत सँभालकर रखना

हम-से यारों के वास्ते ऐ दोस्त!
थोड़ी फ़ुरसत सँभालकर रखना

96

आम आदमी की जीने की चाहत सिमट गई
कुछ मुट्ठियों में देश की दौलत सिमट गई

सच-झूठ बोलबाल के गद्दी को पाना है
इस एक सूत्र में ही सियासत सिमट गई

गुलशन में दहशतों का है फैलाव इस कदर
कलियों का हुस्न फूलों की रंगत सिमट गई

मज़हब अज़ीम है इसे छोटा बना दिया
काफ़िर को मारने में इबादत सिमट गई

मतलबपरस्त हो गया है इश्क़ का जुनून
आशिक़ निपट गए हैं मुहब्बत सिमट गई

मुश्किल में काम यारों के आना ख़ुशी-ख़ुशी
ख़ुदग़र्ज़ियों में ऐसी रिवायत सिमट गई

विस्तार मेरी फ़िक्र का तब जाके हो सका
जब मेरी नफ़्सियात की वुसअत सिमट गई

97

साफ़-सुथरा है रास्ता दिल का
हमने देखा है रास्ता दिल का

ज़ह्न की गलियों में है भीड़ मगर
सूना-सूना है रास्ता दिल का

बन्द आँखें किये चले आओ
सीधा-सीधा है रास्ता दिल का

दूर शुहरत की मंज़िलों से हैं
क्योंकि पकड़ा है रास्ता दिल का

है कठिन, पर नहीं है उतना भी
जितना लगता है रास्ता दिल का

होशियारों के तंज रोज़ सहे
पर न छोड़ा है रास्ता दिल का

प्यार के क़ाफिले की मुद्दत से
राह तकता है रास्ता दिल का

98

अगर अपनी ज़िन्दगी पर मुझे इख़्तियार होता
मेरी ख़्वाहिशों का दामन नहीं तार-तार होता

न अटकता सीने में ही मेरे दिल के पार होता
तेरा तीर और थोड़ा कहीं धारदार होता

जो तू दर्दमंद होता ज़रा ग़मगुसार होता
मुझे हर ख़ुशी से बढ़कर तेरा इन्तिज़ार होता

मेरा तुझसे सामना यूँ जो इक और बार होता
तेरी शोख़ चितवनों का मेरा दिल शिकार होता

सभी नेमतें मिली हैं मुझे ज़िन्दगी से लेकिन
कोई दिल के पास होता कोई राज़दार होता

तेरे प्यार के गुलों की जो महक न होती इसमें
मेरा दिल चमन न होता कोई ख़ारज़ार होता

इसे हम बुरा न कहते, इसे प्यार ही समझते
तेरा रूठना सितमगर जो कभी कभार होता

९९

मैं ग़ज़ल का शेर हूँ लेकिन दुआ हो जाऊँगा
जब किसी मज़लूम के दिल की सदा हो जाऊँगा

प्यार की बारिश बरसने की ज़रा बस देर है
ज़िन्दगी का ठूँठ हूँ फिर से हरा हो जाऊँगा

कामयाबी की कोई मंज़िल बनूँगा या नहीं
पर नये राही की ख़ातिर रास्ता हो जाऊँगा

लाख अपनी शख़्सियत का आदमी हूँ एक मैं
सामने आते ही उसके दूसरा हो जाऊँगा

डर मुझे है इक न इक दिन ऐ ज़माने की हवा!
तू मेरी हो या न हो पर मैं तेरा हो जाऊँगा

वह अना के जंगलों में खो गया जाने कहाँ
जो ठसक से कह रहा था क्या से क्या हो जाऊँगा

तब फिरोगे ढूँढ़ते मुझको मनाने के लिये
एक दिन जब ज़िंदगी से मैं ख़फा हो जाऊँगा

100

शांत दिखी जीवनभर दादी
रोती होगी छुपकर दादी

सबका ग़ुस्सा ठंडा करती
सबके मन की सुनकर दादी

अंदरखाने जो भी पकता
रखती सब कुछ ढककर दादी

भरसक दौड़ी जीवन-पथ पर
ग़म का बोझ उठाकर दादी

फूँक मार कर दर्द हमारा
कर देती छूमंतर दादी

सिल देती थी प्रेम की चादर
रिश्तों की कारीगर दादी

काश ! तू जाती इस दुनिया से
कुछ तो दिल की कहकर दादी

❑❑❑

ज्ञान गरिमा के
72 वर्ष

भारतीय
ज्ञानपीठ